Pe. Thiago Faccini Paro
(organizador)

O Caminho

3ª Etapa
Catequista

"O que nós ouvimos, o que aprendemos, o que nossos pais nos contaram, não ocultaremos a nossos filhos; mas vamos contar à geração seguinte as glórias do Senhor, o seu poder e as obras grandiosas que Ele realizou." (Sl 78,3-4)

© 2015, Editora Vozes Ltda.
Rua Frei Luís, 100
25689-900 Petrópolis, RJ
www.vozes.com.br
Brasil

1ª edição, 2015.

4ª reimpressão, 2025.

Todos os direitos reservados. Nenhuma parte desta obra poderá ser reproduzida ou transmitida por qualquer forma e/ou quaisquer meios (eletrônico ou mecânico, incluindo fotocópia e gravação) ou arquivada em qualquer sistema ou banco de dados sem permissão escrita da editora.

CONSELHO EDITORIAL

Diretor
Volney J. Berkenbrock

Editores
Aline dos Santos Carneiro
Edrian Josué Pasini
Marilac Loraine Oleniki
Welder Lancieri Marchini

Conselheiros
Elói Dionísio Piva
Francisco Morás
Gilberto Gonçalves Garcia
Ludovico Garmus
Teobaldo Heidemann

Secretário executivo
Leonardo A.R.T. dos Santos

PRODUÇÃO EDITORIAL

Aline L.R. de Barros
Jailson Scota
Marcelo Telles
Mirela de Oliveira
Natália França
Otaviano Cunha
Priscilla A.F. Alves
Rafael de Oliveira
Samuel Rezende
Vanessa Luz
Verônica M. Guedes

Equipe de redação
Maria José Sales; Rosimeire Mendes; Sueli Moreira Pierami e Pe.Thiago Faccini Paro

Colaboração e agradecimentos
Iolanda Durigan e Ir. Sandra Souza, pmmi

Diagramação: Jardim Objeto
Ilustrações: Alexandre Maranhão
Capa: Ana Maria Oleniki

ISBN-978-85-326-5066-5

Este livro foi composto e impresso pela Editora Vozes Ltda.

Apresentação, 5

Apresentação da Obra, 7

Celebração de apresentação e envio dos catequistas, 16

I PARTE

Encontro de preparação para a celebração de entrega da Oração do Senhor: Pai-Nosso – *Com os pais e padrinhos de Batismo*, 21

Celebração de entrega da Oração do Senhor: Pai-Nosso, 23

1º Encontro – **A história continua...**, 25

2º Encontro – **A oração cristã**, 28

3º Encontro – **A Oração do Senhor**, 31

4º Encontro – **Rezar como Igreja**, 34

5º Encontro – **A vida de oração**, 37

6º Encontro – **Pai-Nosso**, 40

7º Encontro – **Que estais no céu**, 43

8º Encontro – **Os sete pedidos**, 46

9º Encontro – **Santificado seja o vosso Nome**, 49

10º Encontro – **Venha a nós o vosso Reino**, 52

11º Encontro – **O Reino: nossa meta!**, 55

12º Encontro – **Seja feita a vossa vontade**, 57

13º Encontro – **A vontade de Deus em nós**, 59

14º Encontro – **Assim na Terra como no Céu**, 61

15º Encontro – **O pão nosso de cada dia nos dai hoje**, 63

16º Encontro – **O pão de cada dia**, 67

17º Encontro – **Sou responsável por minha Igreja, sou dizimista!**, 69

18º Encontro – **Celebração do Pão**, 72

19º Encontro – **Perdoai-nos as nossas ofensas**, 76

20º Encontro – **Assim como nós perdoamos a quem nos tem ofendido**, 79

21º Encontro – **Deus nos perdoa sempre!**, 81

22º Encontro – **Os Sacramentos da Igreja**, 83

23º Encontro – **O Sacramento da Reconciliação**, 87

24º Encontro – **Celebração da Reconciliação**, 89

25º Encontro – **Lavados e purificados em Cristo**, 92

26º Encontro – **Não nos deixeis cair em tentação**, 94

27º Encontro – **Mas livrai-nos do mal**, 96

28º Encontro – **Pois vosso é o Reino, o poder e a glória para sempre. Amém**, 98

29º Encontro – **Preparando a celebração de Recitação do Pai-Nosso**, 102

30º Encontro – **Retiro Espiritual**, 105

31º Encontro – **Preparando a celebração de Recitação do Pai-Nosso** – *Com os pais e padrinhos de Batismo*, 106

Celebração de Recitação do Pai-Nosso, 107

II PARTE

Anexos, 109

Caríssimos irmãos e irmãs catequistas, paz!

Na segunda etapa da catequese em preparação à Primeira Eucaristia, vocês evangelizaram os catequizandos com as verdades da nossa fé contidas no Símbolo Apostólico. Aquilo que Deus revelou plenamente no seu Filho, Jesus Cristo, e nos foi transmitido pelos apóstolos, nos dá a identidade cristã. A terceira etapa da catequese em preparação à Primeira Eucaristia está profundamente ligada à segunda: o Deus plenamente revelado em Jesus Cristo deve ser adorado em espírito e verdade (cf. Jo 4). Adorar o Pai, em espírito e verdade, significa fazer a vontade Dele. Aqui, então, entra em cena o grande sentido da oração cristã: estarmos na sintonia de Deus para sabermos realizar a vontade Dele. Professar a fé não é simplesmente repetir fórmulas doutrinais. A confissão da fé se traduz na vivência da caridade. Conhecer o conteúdo da fé e não vivenciá-lo é fazer da fé algo morto.

Vocês, catequistas, terão a missão, nesta etapa, de iniciar os catequizandos à oração. Ensiná-los a "entrar na sintonia de Deus", para que possam viver a obediência da fé. A Oração do Senhor torna-se para nós uma atitude de vida.

O conteúdo doutrinal a ser pregado aos catequizandos, de certo modo, é mais fácil e compreensível que o Credo. Entretanto, a pregação desta etapa possui uma exigência inalienável: vocês têm que saber rezar para iniciar o catequizando na oração cristã. Vocês precisam todos os dias, em Jesus Cristo, colocar-se na vontade do Pai, na sintonia de Deus, para que a sua pregação (embora certinha, de acordo com o ensinamento da Igreja) não seja vazia. Vocês precisam rezar todos os dias. Esta etapa é um chamado fortíssimo à conversão para os catequizandos e, de modo todo especial, para o catequista.

Ao Deus que se revela (Credo) deve-se a obediência da fé. Entrar na obediência da fé significa fazer a vontade de Deus. Aqui sim a nossa identidade cristã se torna visível ao mundo. Somos identificados como a comunidade do "Pai que está nos Céus", porque fazemos a vontade do Pai que está nos Céus.

Que Deus fortaleça a todos e a todas na missão!

†Edmilson Amador Caetano, O. Cist.
Bispo Diocesano de Barretos
Barretos, 04 de agosto de 2012.
Festa de S. João Maria Vianney, pároco e catequista

O subsídio para a Pastoral Catequética da Diocese de Barretos, bem como toda a metodologia presente neste material, baseia-se na Palavra de Deus, na longínqua tradição da Igreja que nos foi transmitida, na análise de outros materiais que nos serviram de inspiração e na experiência de nossos catequistas.

Ao preparar os subsídios para o catequista e *Diário Catequético e Espiritual do Catequizando*, nossa equipe considerou que a Igreja sempre teve um calendário próprio e diferente do calendário civil, chamado de "Calendário Litúrgico". Portanto, a catequese que propomos seguirá o Calendário Litúrgico, iniciado na primeira semana do Advento e encerrado com a Solenidade de Nosso Senhor Jesus Cristo, Rei do Universo. Os encontros estão intimamente ligados com o Ano Litúrgico, sendo assim, é indispensável haver uma grande atenção com o Calendário Litúrgico em percurso. Deste modo, pode acontecer que alguns encontros devam ser antecipados e outros realizados posteriormente, para estar em sintonia com o tempo que está sendo celebrado. Assim, aproxima-se a catequese e a liturgia.

A catequese que pensamos está estruturada em etapas, sendo quatro para a Primeira Eucaristia e três para o Crisma, permeada por várias celebrações. Cada etapa terá a duração mínima de um ano. O tempo de cada etapa poderá ser alterado de acordo com a maturidade de cada catequizando.

1ª Etapa

A temática principal a ser trabalhada é o "querigma", fazendo com que os catequizandos conheçam e façam uma experiência mística de Jesus Cristo. Os catequizandos também serão inseridos na dinâmica do calendário da Igreja – Ano Litúrgico –, que se inicia no primeiro domingo do Advento e conclui-se com a Solenidade de Nosso Senhor Jesus Cristo, Rei do Universo, e aprenderão a manusear a Bíblia Sagrada, recebendo-a em uma celebração na conclusão da primeira etapa.

2ª Etapa

Em cada encontro será refletido um trecho da "Profissão de Fé", onde os catequizandos terão uma noção geral da doutrina da Igreja e como vivê-la. No início da segunda etapa os catequizandos receberão impresso o Credo e no final desta etapa, numa celebração, professarão solenemente a fé.

3ª Etapa

Na terceira etapa o catequizando irá refletir sobre a vida de oração, tendo como modelo a oração que o Senhor nos ensinou: o Pai-Nosso. Em cada encontro será trabalhada uma petição da oração. No início da terceira etapa os catequizandos receberão a oração do Pai-Nosso impressa, e ao final da etapa, numa celebração, a rezarão solenemente.

4ª Etapa

A quarta etapa será um aprofundamento sobre os sete Sacramentos e sacramentais. Nesta etapa os catequizandos não batizados receberão o primeiro Sacramento e ao final da etapa todos os catequizandos se aproximarão pela primeira vez do corpo e sangue de Cristo, participando da Eucaristia.

Em relação à faixa etária dos catequizandos, o material foi pensado e preparado de acordo com a pedagogia das idades, idealizado para todas as crianças que completarem sete anos no ano de início da catequese.

Ainda, nossa proposta quer possibilitar uma maior interação entre comunidade e família dos catequizandos, realizando-se um destaque, também, aos padrinhos de Batismo, para resgatar o seu significado e importância de corresponsáveis por introduzir as crianças na fé cristã.

Para cada etapa preparamos para o catequizando um volume chamado *Diário Catequético e Espiritual do Catequizando*. Como o próprio nome revela, trata-se de um recurso no qual o catequizando fará o registro de algumas atividades de sua vivência de fé, relacionadas a cada encontro, além de dispor de espaços próprios para o registro das informações sobre cada domingo do Tempo Litúrgico, com indicações para o catequizando sobre o que registrar em relação a sua participação na celebração da Santa Missa.

OS ENCONTROS E SUA ORGANIZAÇÃO

A nossa proposta para os encontros é que as reflexões estejam estruturadas ao redor de duas mesas, a saber: a *Mesa da Palavra* e a *Mesa da Partilha*, buscando uma estreita ligação entre catequese e liturgia, em encontros dinâmicos e celebrativos.

A Mesa da Palavra

Consiste em organizar um ambão ou uma pequena mesa para colocar a Bíblia, ter uma vela acesa, usar toalha com a cor do Tempo Litúrgico que se está celebrando em um lugar de destaque e específico da sala de encontros que possibilite aos catequizandos aproximar-se ao seu redor.

Com a inserção da Mesa da Palavra quer se dar destaque e valorizar a leitura da Bíblia, mostrando que não é apenas um livro a mais para ser estudado, como também orientar e fazer a experiência de acolhida da Palavra de um Deus que nos fala. O fato de mobilizar os catequizandos a ir até essa mesa, colocar-se de pé ao seu redor, trocar a toalha de acordo com o Tempo Litúrgico, solenizando a leitura bíblica, incentivando a sua escuta, possibilita revelar, através dos gestos e posturas, o valor e a importância que lhe damos em nossa comunidade Igreja, além de remeter os catequizandos ao ambiente celebrativo da Eucaristia.

A Mesa da Partilha

Trata-se de uma grande mesa com várias cadeiras ao seu redor. É o local onde os catequizandos irão buscar compreender, com a ajuda do catequista, o sentido e significado da Palavra em seu contexto e para suas vidas. Ao redor da mesa, integrados, chegarão ao seu entendimento ao reconstruir o texto bíblico, dialogar, ouvir histórias, contemplar os símbolos presentes em cada encontro e nos textos bíblicos e, também, realizar diversas atividades. Nesta mesa, recordando o costume antigo das famílias de tomar a refeição, catequista e catequizandos saborearão o alimento da Palavra que dá vida e sacia toda sede.

Os novos espaços destinados à catequese que propomos buscam, portanto, descaracterizar os lugares de encontro das salas de ensino escolar, mostrando que nossos catequistas não são professores, mas mistagogos que guiam os catequizandos para o Mistério, fazendo que tenham uma experiência viva e pessoal de Jesus Cristo.

A cada encontro são oferecidas sugestões que deverão ser enriquecidas e adaptadas à realidade de cada comunidade. Num clima alegre e acolhedor, a Palavra se atualiza e se transforma em oração e gestos concretos.

EXPLICANDO NOSSA PROPOSTA

1. ESTRUTURA DOS ENCONTROS – SUBSÍDIO DO CATEQUISTA

Na sequência, apresentamos as orientações sobre a dinâmica de nossa proposta, para o catequista desenvolver os encontros, que consideramos necessárias para ajudar na sua ação catequética. Para tanto, o Subsídio do Catequista propõe as orientações para cada encontro da seguinte forma:

Palavra inicial: Neste tópico o catequista encontrará os objetivos a serem atingidos com o encontro, ou a mensagem que deverá ser transmitida para cada catequizando.

Preparando o ambiente: Oferece sugestões de símbolos e maneiras de preparar e organizar os espaços; de materiais a serem providenciados para os encontros. Na preparação do ambiente é importante envolver os catequizandos distribuindo funções com antecedência, como por exemplo: um traz as flores, o outro acende a vela, um grupo prepara e ensaia os cantos. Poderá também ter uma imagem (de Jesus, Nossa Senhora ou do padroeiro da comunidade). Essa imagem poderá ser levada cada semana para a casa de um catequizando, que ficará responsável por trazer no próximo encontro. No dia em que a imagem estiver na casa, incentive-os a rezar em família.

Acolhida: Em todos os encontros é sugerida uma frase para acolhida dos catequizandos, com a intenção de prepará-los para a temática que será refletida no encontro.

Recordação da vida: Tem a intenção de recordar brevemente fatos e acontecimentos marcantes da comunidade e da sociedade. E ainda de recordar o tema e o gesto concreto do encontro anterior. O catequista pode incentivar a leitura do que alguns catequizandos escreveram no *Diário Catequético e Espiritual* no decorrer da semana. Este momento poderá acontecer ao redor da Mesa da Palavra, como parte da oração inicial, ou a critério do catequista, na Mesa da Partilha, antes da oração.

Na Mesa da Palavra: O momento em torno da Mesa da Palavra envolve:

- **Oração inicial:** Traz sugestões de orações e propõe-se que o catequista, juntamente com os catequizandos, selecione cantos para a oração inicial. Este momento deverá ser dinamizado e ritualizado pelos catequistas criativamente, para envolver os catequizandos com a reflexão do tema, tornando este momento importante e especial, de tal modo que desperte nos catequizandos o desejo de participar ativamente dele.

- **Leitura do texto bíblico:** buscando resgatar a importância e a dignidade da Palavra de Deus na vida do cristão, toda a temática dos encontros tem como tema gerador o texto bíblico proclamado. O texto bíblico é que norteia todo o encontro, fazendo com que os catequizandos sejam introduzidos na linguagem bíblica e atualizem a cada dia sua mensagem.

Como ocorrido na segunda etapa, os catequizandos terão contato direto com a Bíblia. Portanto, o catequista poderá fazer uma escala e distribuir, a cada encontro, a passagem bíblica para um catequizando, para que ele a proclame no encontro seguinte. O **catequizando** sempre fará a primeira leitura do texto de maneira clara e ritual: fazendo uma saudação respeitosa antes e depois da leitura, beijando a Palavra quando for um Evangelho, mostrando a importância e a dignidade de tal livro. Depois, o **catequista** proclamará novamente o texto bíblico. Os textos deverão ser lidos ao menos duas vezes. A primeira leitura na íntegra, pelo catequizando, e a segunda pelo catequista, de maneira pausada, com destaque para os versículos da temática do encontro.

Seria importante que antes de cada encontro o catequista fizesse uma *lectio divina* (Leitura Orante da Bíblia, procedendo: leitura, oração, meditação e contemplação).

Durante os encontros de catequese, na medida do possível, utilizar o esquema da Leitura Orante da Bíblia com os catequizandos.

Na Mesa da Partilha: É na Mesa da Partilha que o encontro se desenvolverá. Dinâmicas e símbolos auxiliarão o catequista a transmitir a mensagem da Boa Nova de Jesus Cristo. O catequista poderá adaptar, acrescentar ou até mesmo mudar as sugestões de acordo com a realidade de cada grupo. Por isso é indispensável que o catequista prepare com antecedência cada encontro.

Na terceira etapa, as historinhas presentes nos livros de primeira e segunda etapas darão lugar a pequenos momentos de oração silenciosa, educando os nossos catequizandos à vida de oração. Sendo assim, sempre que possível, o catequista deverá estimular os catequizandos a estes pequenos momentos de silêncio, escuta e contemplação.

Importante: Como na segunda etapa, todos os catequizandos deverão levar para os encontros de catequese a Bíblia que receberam na celebração que marcou o término da primeira etapa. Na Mesa da Partilha, após a reconstrução do texto bíblico, o catequista poderá pedir aos catequizandos para que abram suas Bíblias na passagem proclamada durante a oração inicial, para que façam uma leitura silenciosa e pessoal, onde poderão descobrir outros elementos além daqueles percebidos durante a "reconstrução" do texto bíblico, bem como aprimorar o manuseio da Bíblia.

Conclusão: Momento de comunicar aos catequizandos o compromisso da semana, o gesto concreto como maneira de atualizar na vivência de cada um a Palavra lida, meditada e contemplada. Também poderá recordar os aniversariantes de Batismo da semana e distribuir as funções para o próximo encontro.

Oração final: Realizar, de preferência, sempre ao redor da Mesa da Palavra ou de onde foi feita a oração inicial. O catequista incentiva os catequizandos a fazerem orações e preces espontâneas e pode concluir com a oração indicada para cada encontro, bem como pode realizar uma bênção.

Material de apoio: No material de apoio o catequista encontrará, em alguns encontros, textos, citações e sugestões de bibliografias para aprofundar a temática. Porém, é de suma importância que o catequista participe de encontros, cursos, reuniões e retiros para se atualizar e melhor se preparar para esse tão importante ministério. Além do mais, será somente a partir disso que poderá haver uma plena caminhada em sintonia com a diocese, paróquia e comunidade.

Sugerimos, a partir de nossa experiência, que os catequistas da mesma etapa preparem juntos os seus encontros, seja em reuniões mensais, quinzenais ou semanais.

Lembretes: Ao final de alguns encontros o catequista encontrará "lembretes" que o auxiliarão no desenvolvimento da catequese, de modo especial a fazer com que os encontros sejam vividos de acordo com a dinâmica do Ano Litúrgico.

Celebrações: Em todas as etapas, sugerimos ao menos duas celebrações, com o intuito de reunir catequizandos, pais, padrinhos de Batismo e comunidade. As celebrações são contadas como encontros da catequese, e para garantir maior participação de todos, principalmente dos pais, sugere-se marcar dia e horário do encontro da celebração favoráveis a todos, optando-se pelo dia da semana em que a comunidade costuma se reunir para o seu momento de oração e partilha.

As celebrações deverão ser preparadas com antecedência, de preferência com a ajuda das pessoas da comunidade que já costumam se reunir semanalmente. Escolher quem presidirá, leitores, grupo de cantos, entre outros. É preciso comunicar previamente aos catequizandos e suas respectivas famílias o dia e horário da celebração. Os catequizandos de outras etapas poderão ser convidados a participar, bem como toda a paróquia, pastorais e movimentos.

2. NA CATEQUESE, A ORGANIZAÇÃO DAS ATIVIDADES

Cronograma: Na sequência, propomos um modelo de cronograma, para que o catequista possa registrar as principais informações que ocorrerão no decorrer do ano de catequese. O propomos por considerar que o planejamento é indispensável para o bom êxito de qualquer atividade; portanto, apresentamos um roteiro para organizar o cronograma das atividades a serem realizadas no decorrer da catequese, para auxiliar nossos catequistas. É importante ressaltar que o mesmo poderá ser adaptado à realidade de cada comunidade. Um cronograma semelhante poderá preparado e entregue uma cópia aos catequizandos, para colar no *Diário Catequético e Espiritual do Catequizando*, e outras às famílias dos catequizandos, para que possam se organizar para participar das atividades da catequese.

Cronograma das atividades da catequese

Ano

Inscrições da catequese: a das às h | Local:	
Período de visita às famílias dos catequizandos: a	
Celebração de apresentação e envio dos catequistas: às h | Local:	
Início da catequese: às h | Local:	
Encontro de preparação para a Celebração de Entrega da Oração do Pai-Nosso – *com os pais e padrinhos de Batismo*: às h min. | Local	
Celebração de Entrega da Oração do Pai-Nosso: às h min. | Local:	
Período de recesso: a	
Quarta-feira de Cinzas: às h min. | Local:	
Domingo de Ramos: às h min. | Local:	
Missa dos Santos óleos: às h min. | Local:	
Missa da Ceia do Senhor: às h min. | Local:	
Vigília eucarística - Hora Santa: às h min. | Local:	
Celebração da Paixão: às h min. | Local:	
Sábado - Missa da vigília: / / às h min. | Local:	
Domingo de Pentecostes: / / às h min. | Local:	
Corpus Christi (enfeitar rua): às h min. | Local:	
Missa de *Corpus Christi*: às h min. | Local:	
Período de recesso: a	
Celebração do Pão: às h min. | Local:	
Encontro de preparação para a Celebração do Sacramento da Penitência – *Com os pais e padrinhos de Batismo*: às h min. | Local:	
Celebração do Sacramento da Penitência: às h min. | Local:	
Preparar Celebração de Recitação da Oração do Pai-Nosso – com os pais e padrinhos de Batismo: às h min. | Local:	
Celebração de Recitação Solene da Oração do Pai-Nosso: às h min. | Local:	
Reunião com os pais dos catequizandos: às h min. | Local:	
Reunião com os pais dos catequizandos: às h min. | Local:	
Reunião com os pais dos catequizandos: às h min. | Local:	
Reunião com os pais dos catequizandos: às h | min. Local:	

Outras datas:

Livro de registro dos catequizandos: Livro de registro dos catequizandos: Na celebração de conclusão da primeira etapa, que chamamos de "*Celebração de Inscrição do Nome e entrega do Livro Sagrado*" sugerimos que a comunidade tenha um livro que chamamos de "*Livro de Registro dos Catequizandos*", no qual poderá registrar o nome de todos os catequizandos, que concluíram a primeira etapa, dando o sentido de escolha, de eleição, além de ajudar a organização da catequese.

A escolha do livro fica a critério de cada comunidade, podendo ser aqueles de capa preta que comumente se utiliza para redigir atas. Uma capa poderá ser confeccionada para valorizar o livro.

Além dos nomes, outros dados poderão posteriormente ser registrados como no modelo abaixo:

Nº.	Catequizando	Data de Batismo	Data da Celebração de Inscrição do Nome	Data da 1ª Eucaristia
001	Exemplo...	15/07/1998	00/11/2011	20/11/2015
002	Exemplo...	Não batizado	00/11/2011	
003				
004				

Assim, além do sentido espiritual de ter o nome inscrito, como eleito, escolhido, a catequese paroquial terá um controle de quantos catequizandos iniciaram no processo catequético e quantos chegaram ao término deste primeiro processo recebendo o Sacramento da Eucaristia.

Um livro poderá ser suficiente para toda a paróquia, ou se acharem necessário, cada comunidade poderá ter seu próprio livro.

Este livro, que contém _____ folhas, todas numeradas, a glória de Deus, destina-se ao solene registro dos nomes de todos os catequizandos assistidos pela Paróquia _____ _____, com sede na cidade de _____, Diocese de _____, _____(Estado), que incorporados a Cristo buscam conhecer, aprofundar e vivenciar o Cristo.

E para constar, eu, _____ (pároco)_____, assino e dou por aberto o presente livro de registro dos catequizandos.

Aos ____de _____ de 20____

O material do catequizando, nesta terceira etapa, será constituído apenas de um livro que intitulamos *Diário Catequético e Espiritual do Catequizando*, que, como o próprio nome sugere, será um diário onde o catequizando deverá ser incentivado a relatar sua vivência de fé.

O *Diário* está dividido em duas partes:

I Parte – Meus encontros de catequese

Esta parte está organizada da seguinte forma:

Meu momento de oração diária

Contém orientações para o catequizando realizar um momento diário de oração pessoal, que deve ser incentivado pelo catequista constantemente durante os encontros.

Os encontros

Em cada encontro é proposto um pequeno texto fazendo menção ao tema a ser refletido, uma citação do texto bíblico, acompanhada de uma ilustração. São propostas também algumas perguntas e atividades, para ajudar os catequizandos a fazer memória da experiência vivida no encontro, bem como ajudá-los a meditar sobre a temática do encontro ou celebração.

Propõe-se, no *Diário*, que os catequizandos escrevam seus pedidos e intenções de oração da semana.

No final de cada encontro tem-se uma página chamada *Espaço Complementar*, com a finalidade de ser usada para registrar algumas atividades realizadas durante o encontro, como colagens e transcrições de textos, bem como outras possibilidades que o catequista precisar criar para ajudar os catequizandos a melhor compreender cada tema.

Por se tratar de um *Diário*, sua finalidade é ser um instrumento em que o catequizando possa contemplar suas experiências catequéticas e perceber o seu crescimento na fé.

II Parte – Meu domingo

Composta por um texto explicativo sobre o domingo e o Ano Litúrgico, a segunda parte busca incentivar a participação dos catequizandos e seus familiares na Santa Missa. Para isso, apresenta um roteiro para cada domingo, onde o catequizando deverá anotar as citações da Liturgia da Palavra, a cor litúrgica usada e uma breve mensagem sobre o que aprendeu ao participar da celebração.

No *Diário*, ainda, o catequizando encontrará algumas orações básicas da vida do cristão. Sugere-se ao catequista orientar os catequizandos para que as rezem sozinhos ou com a família.

COMO APROVEITAR O DIÁRIO?

No primeiro dia de catequese, no final do encontro, o catequista deverá orientar os catequizandos sobre como utilizar o *Diário*. E no decorrer dos encontros alertá-los para, durante a semana, realizarem os registros de sua catequese.

As atividades do *Diário* em nossa experiência têm por intencionalidade serem realizadas em casa e, sempre que possível, junto com a família, não sendo necessário levá-lo em todos os encontros. Cabe ao catequista solicitar antecipadamente ao catequizando para trazê-lo ao encontro. O seu uso no encontro pode ser determinado pelo catequista para:

- realizar uma roda de conversa para partilha dos registros e experiências vividas, ao término de um Tempo Litúrgico;
- produzir um debate sobre as mensagens litúrgicas;
- trabalhar com os catequizandos algumas questões especificas de cada tema, com o propósito de acompanhar o entendimento do conteúdo que os catequizandos estiverem registrando;
- uma análise que servirá de base para corrigir equívocos de entendimento;
- realizar um encontro orante com as orações escritas pelos catequizandos;
- e muitas outras possibilidades.

O *Diário* poderá substituir as "carteirinhas" ou "boletins" que existem em algumas comunidades onde o catequizando tem que levar na Missa para assinar ou receber o carimbo para comprovar a presença nas celebrações.

É importante que na primeira reunião com os pais, antes do início da catequese, o catequista os oriente a acompanhar os filhos e ajudá-los com o *Diário Catequético e Espiritual do Catequizando*, incentivando os filhos na oração diária e na participação da Celebração Eucarística, como também nos registros sobre cada encontro.

O nosso CAMINHO é Jesus Cristo, única razão dessa grande jornada. Bom trabalho a todos!

Pe. Thiago e Equipe

Celebração de apresentação e envio dos catequistas

Palavra inicial: O objetivo da celebração é apresentar a toda a comunidade os catequistas que exercerão o ministério da catequese, destacando a grande importância desse serviço para a vida da Igreja. Aconselhamos que essa celebração aconteça no 1º Domingo do Advento seguindo a liturgia do dia. Por motivos pastorais, pode ocorrer num outro dia da semana.

Preparando o ambiente: Cartaz ou *banner* com o Calendário Litúrgico, que poderá entrar na procissão inicial e ser colocado em lugar de destaque. Bíblias para serem entregues, uma para cada catequista, em sinal da missão por eles assumida como anunciadores do Reino. Reservar bancos para os catequistas. Acrescente-se na monição inicial a apresentação e o envio dos catequistas.

Procissão inicial: Os catequistas participam da procissão inicial.

Saudação inicial: O presidente acolhe os catequistas.

(Tudo segue como de costume, até a homilia.)

Rito de apresentação e envio dos catequistas

Após a proclamação do Evangelho e a homilia, o diácono – ou na falta dele o coordenador da catequese – chama cada um dos catequistas pelo nome.

Diácono: *Queiram aproximar-se os que exercerão o ministério da catequese: N..., N..., N...*

Cada um responde individualmente: *Presente!*
(Ou todos juntos, se forem muitos.)

Os catequistas proferem seu compromisso catequético e recebem o Livro Sagrado, a Bíblia, sinal do seu ministério.

Todos os catequistas, de pé e a uma só voz, fazem seu compromisso:

"Nós, catequistas, viemos, perante esta assembleia congregada pelo Senhor, manifestar o desejo de participar do ministério da catequese. O Senhor, que nos chamou a formar parte do seu povo pelo Batismo, convida-nos a sermos testemunhas, mestres e educadores da fé.

Ao assumirmos este serviço, estamos conscientes de participar na grande missão que Jesus Cristo confiou à sua Igreja: 'Ide por todo o mundo e anunciai a todos a mensagem da salvação'."

Presidente: *Caros catequistas, quereis viver o vosso ministério de catequistas na fidelidade a Deus e na atenção aos irmãos?*

Catequistas: *Sim, queremos.*

Presidente: *Estais dispostos a desempenhar a vossa missão, sendo testemunhas da Boa-Nova de Jesus?*

Catequistas: *Sim, estamos.*

Presidente: *Quereis viver o vosso serviço de catequistas, em espírito de serviço à comunidade?*

Catequistas: *Sim, queremos.*

(Impõe as mãos.)

Presidente: *"Dignai-vos, Senhor, confirmar em seu propósito, com a vossa bênção † paterna, estes vossos filhos e filhas que anseiam por entregar-se ao trabalho da catequese, para que se esforcem por instruir os seus irmãos em tudo que aprenderem com a meditação da vossa Palavra, de acordo com a doutrina da Igreja"*[1].

R.: *Amém.*

Logo após, aproximam-se, um de cada vez, ou, se forem muitos, devem fazer uma fila um do lado do outro, e o presidente entrega a Palavra de Deus a cada um dizendo:

Presidente: *N..., recebe o Livro Sagrado, instrumento e sinal de seu ministério, exerça-o com solicitude, transmitindo com fidelidade a sua Palavra, para que ela frutifique cada vez mais no coração das pessoas.*

Catequista: *Amém.*

(Se forem muitos, o padre diz a fórmula somente uma vez, e depois prossegue com a entrega da Bíblia, enquanto se entoa um canto. Todos retornam aos seus lugares e a Missa prossegue como de costume.)

Preces: No momento da Oração da Assembleia, pode-se acrescentar algumas das orações pelos catequistas e catequizandos.

Se for oportuno, após a oração Pós-Comunhão, apresentam-se os catequizandos que ingressarão na catequese. No final, o padre dá a bênção de envio aos catequistas.

Oremos: Deus de infinita sabedoria, que chamastes o apóstolo Paulo para anunciar às nações o vosso Filho, nós vos imploramos em favor de vossos servos e servas, catequistas de nossas comunidades, que vivem com dedicação e fidelidade sua vocação: concedei-lhes imitar o apóstolo dos gentios, abrindo-se à vossa graça, e considerando todas as coisas como perda se comparadas ao bem supremo do conhecimento de Cristo, vosso Filho, a fim de que permaneçam fiéis ao anúncio da Palavra e no testemunho da caridade. Amém. ABENÇOE-VOS DEUS TODO-PODEROSO, PAI...

---

[1] Oração extraída do livro PRESBITERAL (Petrópolis: Vozes, 2007), "Bênçãos Referentes à Catequese e à Oração Comum". p. 671.

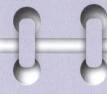

I Parte

Meus encontros de catequese

Encontro de preparação para a celebração de entrega da Oração do Senhor: Pai-Nosso

Com os pais e padrinhos de Batismo

(Encontro a ser realizado na semana que antecede a celebração de entrega da Oração do Pai-Nosso.)

Palavra inicial: Prezados catequistas, nesta reunião queremos apresentar aos pais e padrinhos de Batismo uma visão geral de como será a celebração de entrega da oração do Pai-Nosso. Primeiramente uma reflexão sobre a importância e o significado, depois, o desenrolar dos ritos.

Preparando o ambiente: O espaço para a reunião poderá ser outra sala, mais ampla, para acomodar todos os participantes. Nesta sala providenciar: ambão com toalha da cor do Tempo Litúrgico, Bíblia, vela e flores. Em uma mesa: folhas com a oração que será entregue aos catequizandos e cópias com o roteiro da celebração.

Acolhida: O catequista acolhe os pais e padrinhos, dando-lhes boas-vindas e explicando o motivo da reunião. Logo após, convida a todos a ficarem de pé e fazerem uma breve oração.

Oração inicial: Pode-se invocar o Espírito Santo com um canto ou com a oração "Vinde, Espírito Santo, enchei...", e fazer a leitura de um texto bíblico (se o tempo permitir, pode-se fazer a Leitura Orante do texto).

Orientações para a reunião:

- Primeiramente, agradecer a presença dos pais e padrinhos e pedir para que se apresentem e digam se são pais ou padrinhos.
- Introduzir com uma breve explicação sobre o Tempo Litúrgico, principalmente o significado do Tempo do Advento (se a celebração acontecer nessa data).
- O catequista faz uma breve reflexão sobre a importância e o significado da celebração.
- Poderá refletir com os presentes a importância da oração na vida do cristão, além de citar a oração do Pai-Nosso como modelo de oração. (Ver quarta parte do Catecismo da Igreja Católica: *A Oração Cristã*.)
- Depois, distribuir o roteiro da celebração e explicar passo a passo todo o desenrolar dos ritos.
- Orientá-los sobre a importância de se rezar em família e de incentivar a leitura bíblica com os filhos.
- Recordar a caminhada que os filhos estão fazendo na catequese e pedir o apoio dos pais e responsáveis, para que incentivem os filhos a pedir bênção, rezar antes das refeições e antes de dormir, bem como a participar das atividades da comunidade.
- Poderão ser distribuídas algumas funções: leitores dos textos bíblicos, oração da assembleia, apresentação das oferendas.
- Orientar para que as fotos e filmagens sejam discretas e não atrapalhem a participação da assembleia.
- Comunicar a hora e o local da celebração, orientando para que cheguem com antecedência.

Oração final: O catequista convida a todos a rezar a oração do Pai-Nosso e logo depois, de braços abertos, conclui com a oração:

> *Deus, Pai de bondade, faz que estes pais e padrinhos possam ser verdadeiros exemplos da tua Palavra aos teus filhos e afilhados. Que eles sejam um suporte no amadurecimento cristão daqueles que lhes foram confiados. Que tenham êxito na missão de introduzir as crianças na fé cristã através do testemunho, diálogo e vivência comunitária. Tudo isso te pedimos, por Cristo, nosso Senhor. Amém.*
>
> *Ide em paz e que o Senhor vos acompanhe!*

MATERIAL DE APOIO

A ORAÇÃO DO PAI-NOSSO

*Do Tratado sobre a Oração do Senhor,
de São Cipriano. Séc. III.*

Os preceitos evangélicos, irmãos caríssimos, não são outra coisa que ensinamentos divinos, fundamentos para edificar a esperança, bases para consolidar a fé, alimento para revigorar o coração, guias para mostrar o caminho, garantias para obter a salvação. Enquanto instruem na Terra os espíritos dóceis dos que creem, eles os conduzem para o Reino dos Céus.

Outrora quis Deus falar e fazer-nos ouvir de muitas maneiras pelos profetas, seus servos. Mas muito mais sublime é o que nos diz o Filho, a Palavra de Deus, que já estava presente nos profetas e agora dá testemunho pela sua própria voz. Ele não manda mais preparar o caminho para aquele que há de vir, mas vem, Ele próprio, mostrar-nos e abrir-nos o caminho para que nós, outrora cegos e imprevidentes, errantes nas trevas da morte, iluminados agora pela luz da graça, sigamos o caminho da vida, sob a proteção e guia do Senhor.

Entre as exortações salutares e os preceitos divinos com que orienta seu povo para a salvação, o Senhor ensinou o modo de orar e nos instruiu e aconselhou sobre o que havemos de pedir. Quem nos deu a vida, também nos ensinou a orar com a mesma bondade com que se dignou conceder-nos tantos outros benefícios, a fim de que, dirigindo-nos ao Pai com a súplica e oração que o Filho nos ensinou, sejamos mais facilmente ouvidos.

Jesus havia predito que chegaria a hora em que os verdadeiros adoradores adorariam o Pai em espírito e em verdade. E cumpriu o que prometera. De fato, tendo nós recebido por sua graça santificadora o Espírito e a verdade, podemos adorar a Deus verdadeira e espiritualmente segundo os seus ensinamentos.

Pode haver, com efeito, oração mais espiritual do que aquela que nos foi ensinada por Cristo, que também nos enviou o Espírito Santo? Pode haver prece mais verdadeira aos olhos do Pai do que aquela que saiu dos lábios do próprio Filho que é a Verdade? Assim, orar de maneira diferente da que o Senhor nos ensinou não é só ignorância, mas também culpa, pois ele mesmo disse: *Anulais o mandamento de Deus a fim de guardar as vossas tradições* (Mc 7,9).

Oremos, portanto, irmãos caríssimos, como Deus, nosso Mestre, nos ensinou. A oração agradável e querida por Deus é a que rezamos com as suas próprias palavras, fazendo subir aos seus ouvidos a oração de Cristo.

Reconheça o Pai as palavras de seu Filho, quando oramos. Aquele que habita interiormente em nosso coração, esteja também em nossa voz; e já que o temos junto ao Pai como advogado por causa de nossos pecados, digamos as palavras deste nosso advogado quando, como pecadores, suplicarmos por nossas faltas. Se ele disse que tudo o que pedirmos ao Pai em seu nome nos será dado (cf. Jo 14,13), quanto mais eficaz não será a nossa súplica para obtermos o que pedimos em nome de Cristo, se pedirmos com sua própria oração!

Sugestão de Bibliografia

Catecismo da Igreja Católica (CIC).
PAGOLA, J. A. *Pai-nosso. Orar com o Espírito de Jesus*. Petropolis: Vozes, 2012.
BARONTO, L. E. P; LIMA, D. C. S. *Oração Cristã: um encontro com Jesus*. São Paulo: Ed. Salesiana, 2010.

Celebração de entrega da Oração do Senhor: Pai-Nosso

Palavra inicial: Esta celebração tem o objetivo de apresentar à toda a comunidade os catequizandos que iniciaram a terceira etapa da catequese, chamando a atenção para a grande importância desse processo para a vida da Igreja, bem como entregar-lhes a "Oração do Senhor".

Preparando o ambiente: Livro onde foram registrados os nomes dos catequizandos ao final da primeira etapa e envelopes com uma folha contendo a oração do Pai-Nosso. Reservar bancos para os catequizandos e padrinhos. Preparar crachás para cada catequizando, para que o padre saiba o nome de cada um na hora de entregar a oração.

Procissão inicial: Os catequizandos e padrinhos de Batismo participam da procissão inicial. Pode-se levar ainda a vela a ser acesa da coroa do advento, livro grande com os nomes dos catequizandos e os envelopes contendo a oração do Pai-Nosso.

Saudação inicial: O presidente acolhe os catequizandos, familiares e padrinhos.

(Tudo segue como de costume, até a homilia.)

Rito de entrega da oração do Pai-Nosso[2]

Após a proclamação do Evangelho, o diácono, ou na falta dele o catequista, pega solenemente o livro com os nomes dos catequizandos e chama a cada um pelo nome.

Diácono (ou catequista): *Queiram se aproximar os que estão com os nomes inscritos no livro dos catequizandos e que receberão da Igreja a Oração do Senhor: N..., N... (lê-se do livro apenas o primeiro nome – nome de Batismo –; se forem muitos, pode-se omitir a leitura dos nomes).*

Cada um responde individualmente: *Presente! (ou todos juntos, se forem muitos).*

(Homilia.)

Após a homilia, o presidente prossegue com a entrega da oração do Pai-Nosso. Dirigindo-se até o ambão, abre mais uma vez o Evangeliário, ou na falta dele o próprio lecionário, e dirige-se aos catequizandos com estas palavras ou outras semelhantes:

Presidente: *Caríssimos catequizandos, vocês ouvirão agora como o Senhor ensinou seus discípulos a rezar (o presidente proclama solenemente o texto do Evangelho de Mateus).*

Naquele tempo, disse Jesus a seus discípulos: "Vós deveis rezar assim:
Pai nosso que estás nos céus,
santificado seja o teu nome;
venha o teu Reino;
seja feita a tua vontade,
assim na terra como nos céus.
O pão nosso de cada dia dá-nos hoje.
Perdoa as nossas ofensas,
Assim como nós perdoamos a quem nos tem ofendido.
E não nos deixes cair em tentação,
mas livra-nos do mal". (Mt 6,9-13)

Após ouvir as palavras do próprio Senhor, aproximem-se para receber esta Palavra impressa, como sinal e lembrança deste dia memorável. Recebam e guardem essas palavras com pureza de coração.

---

[2] Adaptado do Ritual da Iniciação Cristã de Adultos – RICA.

(Os catequizandos podem se aproximar um de cada vez ou, se forem muitos, fazem uma fila um ao lado do outro, e o presidente faz a entrega da oração impressa. Enquanto o padre entrega a oração, pode-se entoar um canto.

Depois que todos já tiverem recebido a oração, o diácono, outro ministro ou o próprio catequista convida os catequizandos a se ajoelharem.)

Diácono: *Prezados catequizandos, ajoelhem-se para a oração sobre vocês.*

Quem preside diz, com estas palavras ou outras semelhantes:

Presidente: *Oremos pelos nossos catequizandos: que o Senhor nosso Deus abra os seus corações e as portas da misericórdia para que, escutando a sua Palavra, assumam com amor a fé no Cristo e sejam verdadeiros discípulos missionários do seu Reino.*

Todos rezam em silêncio. Quem preside continua, com as mãos estendidas sobre os catequizandos:

Presidente: *Deus eterno e todo-poderoso, que por novos nascimentos tornais fecunda a vossa Igreja, aumentai a fé e o entendimento dos nossos catequizandos para que, recitando a oração do vosso Filho, tornem-se dignos do vosso Reino. Por Cristo, nosso Senhor.*

A Missa prossegue como de costume.

Preces: Na "Oração da Assembleia" podem-se acrescentar algumas das orações:

1. Para que esses catequizandos meditem a oração do Senhor em seus corações, roguemos ao Senhor.

2. Para que os catequizandos tenham uma verdadeira vida de oração e nela encontrem conforto para suas angustias, roguemos ao Senhor.

3. Para que esses catequizandos, contemplando a sabedoria do Senhor, que nos ensinou a rezar, possam gloriar-se em Deus, roguemos ao Senhor.

4. Para que o Espírito Santo, que sonda os corações de todos, fortifique com sua força divina esses catequizandos e lhes ensine as coisas que são de Deus e a Ele agradam, roguemos ao Senhor.

5. Para que as famílias desses catequizandos coloquem sua esperança em Cristo e Nele encontrem paz e santidade, roguemos ao Senhor.

6. Para que as famílias aprendam a importância de se rezar juntos e partilhem com os outros a alegria que lhes foi dada pela fé, roguemos ao Senhor.

7. Senhor, fortaleça e ilumine todos os padrinhos e madrinhas de Batismo em sua missão de introduzir seus afilhados na fé cristã, roguemos ao Senhor.

Observação

Aconselhamos que essa celebração aconteça em um dos domingos do Tempo do Advento. Porém, por motivos pastorais pode ocorrer num outro dia.

1º Encontro

A história continua...

Integração da turma e revisão

(Encontro a ser realizado na 1ª SEMANA DO ADVENTO)

Palavra inicial: Prezados catequistas, daremos continuidade a mais uma etapa da catequese. Criemos um clima de alegria e acolhida a todos os catequizandos presentes, que continuam dando seu sim a Deus, estando na catequese para conhecê-lo melhor e fazer a experiência de seu Mistério.

O objetivo deste primeiro encontro é fazer uma retrospectiva da temática central (Credo) abordada nos encontros da segunda etapa, além de fazer uma avaliação com os catequizandos de como foi a "Celebração de Recitação do Símbolo". É importante fazer com que percebam que estão vivendo numa nova etapa do processo catequético, que a partir de agora deverão assumir verdadeiramente a fé cristã, fé esta sustentada pela oração cotidiana e comunitária, na qual meditaremos através da oração que o Senhor nos ensinou: o Pai-Nosso.

Preparando o ambiente: Ambão com toalha roxa, flores, Bíblia, vela e coroa do advento (coroa esta já preparada pelos catequizandos da primeira etapa e que poderá também ser utilizada pelas demais turmas de catequese; se não houver turma de primeira etapa, o próprio catequista poderá confeccionar com antecedência uma coroa e deixá-la na sala do encontro).

Acolhida: O catequista acolhe os catequizandos saudando-os individualmente com a frase: "*Seja bem-vindo N..., Cristo está no meio de nós!*" e conduzindo-os para dentro da sala de encontro.

Recordação da vida: Logo após a acolhida, ao redor da Mesa da Partilha ou em pé ao redor da Mesa da Palavra, em clima de oração, que pode ser proporcionado por um refrão meditativo, convidar os catequizandos a fazerem uma retrospectiva de como foi participar da segunda etapa da catequese. O que sentiram e como participaram da celebração de entrega e recitação do Credo. Perguntar se todos já decoraram os artigos da Profissão de Fé.

NA MESA DA PALAVRA

Oração inicial: Após a recordação da vida, o catequista inicia a oração, colocando como intenção todos os fatos recordados pelos catequizandos. Poderá invocar o Espírito Santo com um canto ou com a oração "Vinde, Espírito Santo, enchei..." e concluir com uma oração espontânea. Durante o momento de oração, motivar o acendimento da primeira vela da coroa do advento.

O catequista convida a todos a aclamarem o Evangelho com um canto e, dirigindo-se até o ambão, proclama o texto indicado.

Leitura do texto bíblico: Mt 18,19-20.

Em seguida, lê o texto novamente, desta vez pausadamente, destacando alguns pontos:

"*...onde dois ou três estiverem reunidos em meu nome, eu estarei ali no meio deles*".

Todos retornam para a Mesa da Partilha.

NA MESA DA PARTILHA

O catequista pede aos catequizandos para que falem sobre o texto que acabaram de ouvir.

Depois de recordar com os catequizandos o que é a fé, questioná-los. Deixar que falem por um tempo. Após, comentar:

- A fé no Cristo vivo e ressuscitado é um grande elo, que une povos e nações. Pessoas diferentes, com costumes e culturas diversas, unidas por uma pessoa: Jesus Cristo. Muitas são perseguidas por causa da fé. Cristo, quando nos chamou para segui-lo, pediu que assumíssemos a cruz com Ele. Sendo assim, quando assumimos a fé, assumimos também muitos desafios. Desafios estes que são superados pela vida de oração. Somos sustentados pela oração pessoal (individual) e também pela oração da Igreja (comunidade, dos irmãos).

- Encontramos muitas pessoas que dizem ter fé, acreditar em Jesus e que não participam da Igreja, da vida de comunidade. Dizem que rezam sozinhos, em casa. Mas só isso não basta. Isso é viver uma fé egoísta, uma fé que não partilha a vida e os dons com os irmãos. O texto do Evangelho de Mateus ensina que onde dois ou três estiverem reunidos em nome de Jesus, lá Ele estará. Lembremos o que nos diz o CIC no n.167: "não posso crer sem ser carregado pela fé dos outros, e pela minha fé contribuo para carregar a fé dos outros". Quando nos reunimos, juntos rezamos, partilhamos a Palavra e vida de cada um, fortalecemo-nos mutuamente. Não importa a quantidade de pessoas, não nos preocupemos com números, mas com a qualidade. São poucas as pessoas que se reúnem em nome de Cristo, duas, três, cinco? Mas essas poucas devem estar com o coração aberto para partilhar seu dom e sua vida com os demais.

Esclarecer que nos encontros da terceira etapa será refletido o fato de que a vida de oração é fundamental para manter viva a fé que recebemos de Cristo e da Igreja. Sendo assim, poderão fazer uma rica experiência de oração na vida pessoal e comunitária.

Perguntar aos catequizandos se eles costumam rezar em família, se participam da vida da comunidade. Deixar que falem. Depois, o catequista poderá orientar sobre a importância da oração pessoal e familiar. Incentivá-los a convidar os pais para rezarem juntos.

Recordar também o encontro em que aprenderam as orações antes das refeições e antes de dormir, e se estão colocando em prática.

Conclusão: Após este momento de conversa e partilha, o catequista poderá convidar a todos os catequizandos a fazerem um momento de oração. Todos poderão ficar sentados confortavelmente e fechar os olhos. O catequista os incentiva a fazer uma oração silenciosa pela intenção que quiserem. Que este seja um momento de conversa com Jesus.

Depois de um tempo, o catequista convida a todos a se colocarem ao redor da Mesa da Palavra, onde os que quiserem poderão partilhar em que intenções rezaram.

Oração final: O catequista convida os catequizandos a formularem preces pedindo pela família, comunidade e amigos. Todos respondem no final de cada invocação: "*Senhor, escuta a nossa prece*". Concluir rezando o Pai-Nosso e a oração:

Senhor Deus, obrigado pela certeza de estares junto de nós e nos acompanhares. Pedimos por todos aqueles que ainda não Te conhecem e por isso se sentem sozinhos. Ampara e conforta a todos. Por Cristo, nosso Senhor. Amém.

No final da oração, o catequista impõe as mãos sobre a cabeça de cada catequizando e traça o sinal da cruz em sua fronte dizendo:

"N..., vai em paz, que o Senhor te acompanhe! Amém".

Sugestões

1. Como proposto na segunda etapa, nos próximos encontros serão os catequizandos a fazer as leituras bíblicas. Seria importante fazer uma escala e distribuir com antecedência a passagem a ser lida, para que o catequizando possa "treinar" a sua leitura. Incentive-os a fazer desta preparação um momento de oração. Peça para que cheguem com antecedência, para que possam marcar a leitura na Bíblia utilizada nos encontros. Peça para que todos tragam a Bíblia que receberam na celebração de entrega do Livro Sagrado, realizada no final da primeira etapa.

2. A exemplo das etapas anteriores, o catequista poderá fazer uma escala com os catequizandos, onde em cada encontro um ficará responsável por trazer flores para ornamentar o espaço da Palavra. O mesmo catequizando responsável pela leitura bíblica também poderá ser o responsável por trazer as flores. É bom lembrar que, de preferência, todas as flores deverão ser naturais, lembrando-nos a vida e o Criador.

3. Além dessas alternativas, recordamos a sugestão dada na primeira etapa, onde a cada semana um catequizando levará para casa a imagem de Nossa Senhora ou padroeiro da comunidade, na qual será incentivado a rezar em família.

A oração cristã
(Encontro a ser realizado na 2ª SEMANA DO ADVENTO)

Palavra inicial: Neste encontro vamos procurar resgatar a importância da oração, refletindo o porquê e como as primeiras comunidades cristãs rezavam, bem como mostrar as fontes e os tipos de oração.

Preparando o ambiente: Ambão com toalha roxa, Bíblia, vela e coroa do advento. Tiras de papel e canetas ou lápis para os catequizandos escreverem seus nomes e pedidos de oração, e caixinha ou cestinha para serem colocadas.

Acolhida: O catequista acolhe os catequizandos com a seguinte frase ou outra semelhante: "*N..., feliz é aquele que acredita no valor da oração*". Pedir para que sentem ao redor da Mesa da Partilha. Neste momento, o catequista entrega uma tira de papel para que cada um escreva o seu nome e coloque na cestinha ou caixinha. Pode-se colocar uma música de fundo para criar um clima de oração.

Recordação da vida: Ao redor da Mesa da Partilha, ou em pé ao redor da Mesa da Palavra, lembrar fatos e acontecimentos que marcaram a semana. Se oportuno, falar da importância da oração aos catequizandos, introduzindo-os ao tema do encontro.

NA MESA DA PALAVRA

Oração inicial: O catequista invoca o Espírito Santo com a oração "Vinde, Espírito Santo, enchei..." e em seguida faz uma oração espontânea, procurando enfatizar o valor da oração. Não se esquecer de acender a segunda vela da coroa do advento, o que poderá ser acompanhado por um canto.

O catequista convida o catequizando (escalado como leitor do encontro) para se dirigir até o ambão e proclamar o texto indicado.

Leitura do texto bíblico: At 12,5-17.

Após uns minutos de silêncio, o catequista lê o texto novamente, desta vez pausadamente, destacando alguns pontos:

> "*...a Igreja rezava sem cessar a Deus por ele. [...] 'Agora sei que o Senhor realmente enviou seu anjo [...] onde muitos estavam reunidos em oração...'*".

Após a leitura, todos dirigem-se à Mesa da Partilha.

NA MESA DA PARTILHA

Retomar o texto bíblico, pedindo que os catequizandos reconstruam o texto dizendo o que entenderam, bem como quem eram os personagens, o que faziam, quais eram seus sentimentos. Depois, pedir para que abram suas Bíblias na passagem lida e releiam individualmente. Na sequência, o catequista poderá incentivá-los a partilhar o que o texto disse a cada um.

Logo após, aprofundar o texto destacando:

- A oração sempre esteve presente na vida dos cristãos e é a base das nossas comunidades.
- Jesus também rezava (cf. Lc 11,1). Quando os discípulos pediram para que Jesus os ensinasse a rezar, Ele não ensinou um método, nem um modelo, mas sim um diálogo íntimo com Deus.
- Todos nós devemos reservar um tempo para Deus, procurando um lugar apropriado, sozinho ou junto com a comunidade.
- Na oração particular, e principalmente na oração em silêncio, Jesus nos lembra: "*Quando rezares, entra no teu quarto, fecha a porta e reza ao teu Pai que está no oculto. E o Pai, que vê no oculto, te dará a recompensa*" (Mt 6,6). É possível, através da nossa oração espontânea, permanecermos na presença de Jesus e dizer: *Senhor, ensina-nos a conversar convosco, sem sermos artificiais, mas autênticos, com alegria e honestidade, do mais íntimo do nosso coração.*
- Vários são os caminhos e realidades que nos levam ao encontro pessoal com Jesus. O amor mútuo, a palavra da Sagrada Escritura, inspirada pelo seu Espírito, os Sacramentos, em especial a Eucaristia, que é coração da oração cristã. Também a oração litúrgica (Liturgia das Horas), a recitação dos salmos durante as várias horas do dia, e que nos primeiros séculos do Cristianismo eram rezados ou cantados todos os dias nas igrejas. Laudes (oração da manhã), Vésperas (oração da tarde), Terça, Sexta, Noa (oração das 9h, 12h e 15h respectivamente) e Completas (oração da noite, antes de dormir), cada uma com sua estrutura, visando a proporcionar com cuidado sua oração.
- "*Vigiai e orai*" (Mt 26,41). Devemos ser vigilantes, pois nossa oração não pode estar desligada de nossa vida cotidiana e nem separada de nossa existência. Toda a nossa vida deve ser uma oração.
- Há tantas maneiras e formas de rezar: Oração vocal (ler um livro de oração, recitar salmos, terço ou rosário); oração contemplativa (meditação), como se estivéssemos conversando com nosso melhor amigo.

   Consultar no CIC 2626-2643 as formas da oração:
   1. a bênção e a adoração;
   2. a oração de súplica;
   3. a oração de intercessão;
   4. a oração de ação de graças;
   5. a oração de louvor.

Dinâmica: Neste momento o catequista apresenta uma proposta de oração pelos amigos de catequese, para fazerem a experiência dos amigos de Pedro que rezavam por ele. Faz-se um sorteio com os nomes recolhidos no início do encontro: cada um tira um nome da caixa ou cesta e assume o compromisso de rezar pelo outro até o próximo encontro.

Oração final: Ao redor da Mesa da Palavra, pedir para que cada catequizando faça orações espontâneas. Rezar o Pai-Nosso e concluir com a oração:

Senhor, nosso Deus, queremos te agradecer por conhecermos o valor da oração. Faz que possamos ser fiéis nos compromissos assumidos. Por Cristo, Senhor nosso. Amém.

No final da oração, o catequista impõe as mãos sobre a cabeça de cada catequizando e traça o sinal da cruz em sua fronte dizendo:

> "N..., Cristo permaneça contigo através de tua oração, vai em paz e que o Senhor te acompanhe! Amém".

MATERIAL DE APOIO

- Aprofundar o tema nos parágrafos 2558 a 2649 do Catecismo da Igreja Católica.

No Brasil, temos o "Ofício Divino das Comunidades": é a Liturgia das Horas, organizada de maneira inculturada, ou seja, com uma estrutura que favorece mais a participação dos vários grupos. Vale a pena conhecer as duas versões da Liturgia das Horas e em comunidade rezá-la. Se o catequista ainda não conhece a Liturgia das Horas, a oração da Igreja, deverá procurar conhecê-la para apresentar aos catequizandos.

Propõe-se que haja um diálogo entre catequese, Equipe de Liturgia e pároco, para que se reze pelo menos uma vez na semana a Liturgia das Horas com toda a comunidade, se ainda não há esse costume na paróquia. Poderá ser em um sábado pela manhã, num domingo antes da primeira Missa da manhã, ou ainda ser rezado nos encontros semanais das comunidades.

3º Encontro
A Oração do Senhor
(Encontro a ser realizado na 3ª SEMANA DO ADVENTO)

Palavra inicial: Amigo catequista, neste encontro queremos mostrar para os nossos catequizandos que a oração é um diálogo espontâneo entre nós e Deus, para uma permanente comunhão com Ele.

Preparando o ambiente: Ambão com toalha roxa, Bíblia, vela e coroa do advento.

Acolhida: O catequista acolhe cada catequizando carinhosamente, dizendo: *"N..., converse com Deus em suas orações!"*.

Recordação da vida: Ao redor da Mesa da Partilha, ou em pé ao redor da Mesa da Palavra, lembrar fatos e acontecimentos que marcaram a semana e perguntar sobre o compromisso assumido de fazer a oração pelo amigo.

NA MESA DA PALAVRA

Oração inicial: Invocar o Espírito Santo com um canto ou com a oração *"Vinde, Espírito Santo, enchei..."* e em seguida fazer uma oração espontânea, procurando enfatizar o diálogo com Deus. Não se esquecer de acender a terceira vela da coroa do advento.

O catequizando escalado como leitor do encontro aproxima-se do ambão e proclama o texto indicado. Antes, porém, todos podem cantar aclamando o santo Evangelho.

Leitura do texto bíblico: Mt 6,7-13.

Depois de um período de silêncio, o catequista lê o texto novamente, desta vez pausadamente, destacando alguns pontos:

> *"E nas orações não faleis muitas palavras [...] Pai nosso, que estás nos céus [...] seja feita a tua vontade [...] perdoa-nos nossas ofensas [...] livra-nos do Mal."*

Após a leitura, todos dirigem-se à Mesa da Partilha.

NA MESA DA PARTILHA

Reconstruir o texto bíblico. Depois, pedir que cada catequizando abra sua Bíblia no capítulo e versículos proclamados e leia individualmente, em silêncio. Logo após, o catequista poderá motivá-los a explorar de que trata o texto, quais são os personagens do texto e como agem.

O catequista retoma o texto dizendo:

- A oração é o diálogo amoroso da criatura com o criador e no caso de Jesus, um diálogo de Pai e Filho.
- Jesus, em vários momentos de sua vida, nos ensina, com seu exemplo, a importância da oração. E foi por causa do seu testemunho que os discípulos lhe pediram que os ensinasse a orar. *"Um dia, em certo lugar, Jesus rezava. Quando terminou, um de seus discípulos pediu-lhe: 'Senhor, ensina-nos a orar, como João ensinou seus discípulos' (Lc 11,1). É em resposta a este pedido que o Senhor confia a seus discípulos e à sua Igreja a oração cristã fundamental"* (CIC 2759).

- O Pai-Nosso, a Oração do Senhor, é a principal oração do cristão. A sua importância remonta ao início da Igreja. É tida como o resumo de todo o Evangelho.
- Também chamada pela tradicional expressão "Oração Dominical" [ou seja, "Oração do Senhor"], significa que a oração ao nosso Pai nos foi ensinada e dada pelo Senhor Jesus. Esta oração, que nos vem de Jesus, é realmente única: Ela é "do Senhor" (CIC 2765). É a mais perfeita das orações, pois ordena nossos pedidos, bem como a ordem em que devemos pedi-los.
- Jesus não nos deixa uma fórmula a ser repetida mecanicamente. Como vale em relação a toda oração vocal, é pela Palavra de Deus que o Espírito Santo ensina aos filhos de Deus como rezar ao Pai. Jesus nos dá não só palavras de nossa oração filial, mas também, ao mesmo tempo, o Espírito pelo qual elas se tornam, em nós, "Espírito de vida" (CIC 2766).

Olhando, portanto, para a vida de Jesus, podemos aprender muito sobre a oração:

1. Para rezar, não é preciso muitas palavras, basta um coração puro, humilde e arrependido.
2. Jesus se retirava do meio da multidão. É preciso parar com os afazeres do dia a dia, retirar-se e se colocar sozinho no silêncio (Lc 6,12; Mt 14,23).
3. Quando falamos, Deus se cala. É preciso parar e silenciar nossa vida e nosso coração para escutar Deus. Oração é um diálogo.
4. Gratuidade. A oração é desinteressada, rezamos porque precisamos de Deus. A oração é para que se cumpra a sua vontade em nós e não a nossa (Mc 14,36). Não devemos nos afligir se não recebermos imediatamente nosso pedido, pois com certeza Deus nos quer fazer perseverantes, para permanecermos mais tempo com Ele na oração.
5. Jesus chama Deus de Pai. Pelo Batismo, recebemos a filiação divina, somos filhos adotivos de Deus. Sendo assim, nós também podemos chamar Deus de Pai.
6. Para alcançarmos um bom relacionamento com Deus, além do nosso esforço, são necessárias algumas atitudes:
    - Reconhecer a soberania de Deus sobre todas as coisas, inclusive sobre nossa vida.
    - Ter humildade, pois o egoísmo leva a pessoa a considerar-se um outro deus, senhor de si.
    - Abrir espaço para que Deus se manifeste em nós, ou seja, dispor algum tempo só para Deus. O cultivo do amor exige disponibilidade e tempo.
    - Desejar ardentemente viver na presença de Deus.
    - Viver os mandamentos: a vida fora dos mandamentos, sem fé, em pecado, só dificulta o nosso relacionamento com Deus; torna-se um obstáculo que só será removido pela busca do perdão.

Conclusão: Após a explanação sobre a oração, tendo como modelo a vida e o exemplo do próprio Cristo, convidá-los a também fazer experiência da oração na nossa vida. Para isso, o catequista motiva todos a uma vivência, pedindo para que fechem os olhos, entrem em profundo silêncio e rezem ao Pai do Céu, para que verdadeiramente se cumpra a sua vontade em suas vidas. Depois de um tempo, os catequizandos poderão partilhar como foi esse momento.

Oração final: Ao redor da Mesa da Palavra, pedir para que cada catequizando faça orações espontâneas. Rezar o Pai-Nosso e concluir com a oração:

> *Pai de bondade, queremos te louvar e te agradecer por nos ensinares o quê e como pedir, a exemplo do teu Filho, através da oração do Pai-Nosso. Faz com que sejamos cada vez mais perseverantes na oração. Por Cristo, Senhor nosso. Amém.*

No final da oração, o catequista impõe as mãos sobre a cabeça de cada catequizando e traça o sinal da cruz em sua fronte dizendo:

> "N..., orai sem cessar, vai em paz e que o Senhor te acompanhe!".

MATERIAL DE APOIO

- Aprofundar o tema nos parágrafos 2759 a 2766 do Catecismo da Igreja Católica.

- Escritos de São Cipriano de Cartago – (†258) Bispo de Cartago e Mártir.

- Texto: A Oração do Senhor (P.L. 4, 541-555), in: GOMES, Cirilo Folch, OSB. Antologia dos Santos Padres. Coleção Patrologia. São Paulo: Paulinas, 1985.

Rezar como Igreja
4º Encontro
(Encontro a ser realizado na 4ª SEMANA DO ADVENTO)

Palavra inicial: Neste encontro, falaremos sobre Jesus como nosso intercessor, a quem devemos nos dirigir antes de invocar o Pai. Antes do Pai, tem o Filho. Podemos chamar Deus de Pai por causa de Jesus, que nos revela o Pai. A Igreja constantemente se dirige ao Pai por intermédio do Filho. Mostrar também a importância da oração comunitária, rezar como Igreja.

Preparar o ambiente: Ambão com toalha roxa, Bíblia, vela, coroa do advento e cartaz com a frase: *"Ninguém vai ao Pai a não ser por mim"* (Jo 14,6). Para a dinâmica, um palito de sorvete para cada catequizando.

Acolhida: O catequista acolhe os catequizandos saudando-os com a frase: *"N..., Jesus é o Caminho que nos leva até Deus!"* e os conduz para dentro da sala.

Recordação da vida: Quando já estiverem na sala, na Mesa da Partilha, ter um momento de diálogo com os catequizandos, perguntando a cada um como foi a sua semana, o que fez, o que aconteceu que queira partilhar com o grupo. Esse momento é somente de "escuta". O catequista deve orientar o grupo que toda contribuição que for trazida deve ser respeitada e ouvida atentamente: é o nosso irmão quem fala.

Após esse momento, o catequista poderá perguntar sobre o encontro anterior, pedindo para que partilhem o que cada um lembra e experienciou. Poderá solicitar que destaquem o que cada um escreveu no seu "Diário", bem como os acontecimentos importantes que possam ter ocorrido na vida da comunidade. Logo após, todos se colocam em pé ao redor da Mesa da Palavra.

NA MESA DA PALAVRA

Oração inicial: O catequista motiva a oração inicial de maneira bem espontânea e invoca o Espírito Santo, rezando ou cantando. Não se esquecer de acender a quarta vela da coroa do advento que poderá ser acompanhada por um refrão meditativo, e concluir com a oração:

> *Senhor Jesus, que nos revelou o Pai e que nos ensinou a rezar, faz que estejamos sendo unidos a Ti pela força da oração e em diálogo permanente com o Pai em todos os nossos momentos. Amém.*

O catequizando se dirige até o ambão, de onde proclama o texto bíblico indicado. Antes, porém, todos poderão cantar aclamando o santo Evangelho.

Leitura do texto bíblico: Jo 14,1-11.

Depois de um período de silêncio, o catequista lê o texto novamente, desta vez pausadamente, destacando alguns pontos.

> *"...Jesus respondeu: 'Eu sou o caminho, a verdade e a vida. Ninguém vem ao Pai senão por mim..."*

O catequista mostra o cartaz próximo ao ambão e pede para que alguns catequizandos o leiam. Explica que essa frase foi dita por Jesus. Faz-se um momento de silêncio, refletindo sobre o que ela quer dizer. Em seguida, o catequista lê o texto bíblico novamente.

Todos se dirigem para a Mesa da Partilha.

NA MESA DA PARTILHA

Sentados ao redor da Mesada Partilha, o catequista convida cada catequizando a abrir sua Bíblia no texto proclamado e pede para que releiam individualmente, em silêncio. Logo após, o catequista poderá motivá-los a partilhar sua compreensão sobre o texto. O catequista poderá ainda fazer junto aos catequizandos algumas reflexões sobre o texto lido, como por exemplo:

- Qual o nome do discípulo que diz a Jesus que não conhece o Caminho, pois não sabe para onde vai?
- Fazer uma comparação de Tomé (homem incrédulo) conosco hoje em dia. E qual é a resposta de Jesus?

A comunhão do Pai com o Filho se dava de modo especial pela oração. Jesus se mantinha unido ao Pai, assim, o Pai estava sempre presente Nele. A força da oração era o que os unia.

O catequista poderá recordar algumas passagens bíblicas que relatam os momentos em que Jesus orou ao Pai: Jo 17,1-2; Lc 10,21-22; Mt 14,22-23; Lc 9,28.

Na sequência, destacar que nossas orações são levadas ao Pai pelo Filho. É Jesus o mediador, é Ele que nos apresenta ao Pai e que se coloca como nosso "intercessor". Assim, na oração da Igreja, homens e mulheres de diversas raças e nações rezam em todo o mundo, através da liturgia, da oração pessoal e comunitária, pedindo a Deus, em nome de Jesus.

Devemos fazer nossa oração pessoal quando acordamos, antes de dormir, agradecer pelo dia e por nossas conquistas em diversos momentos de nosso dia. Só isso, porém, não basta. Precisamos nos reunir enquanto comunidade e juntos rezar a Deus. A Missa dominical é o momento por excelência da comunidade se reunir e rezar a Deus, fazendo memória do seu projeto de salvação.

Para exemplificar o sentido, a força da oração comunitária, o catequista poderá propor a dinâmica.

Dinâmica: Entregar um palito de sorvete para cada catequizando e pedir para eles o quebrarem ao meio. Depois que todos quebrarem os palitos, o catequista pede para que juntem os vários pedaços, formando um feixe bem grosso. Pedir para que um dos catequizandos tente quebrar todos de uma só vez.

Após o catequizando tentar quebrar e não conseguir, o catequista reflete dizendo que a oração individual é muito importante, porém, quando a Igreja reza unida, une-se, a sua força se torna bem maior. Daí a importância do nosso momento de oração comunitária. É quando todos nos reunimos para pedir ou agradecer.

Conclusão: Jesus nos promete que tudo o que pedirmos ao Pai, em seu nome, Deus nos atenderá. É Jesus que nos aproxima e nos revela o Pai, por isso tudo que pedimos a Deus é em nome de Jesus. Nesta semana, como gesto concreto, aqueles que ainda não participam da comunidade procurarão saber o dia e a hora em que costumam se reunir e convidarão os pais para participar do encontro realizado nos setores e comunidades da paróquia, seja fazendo a Leitura Orante da Bíblia, rezando a Liturgia das Horas, ou ainda rezando o terço.

Oração final: O catequista convida os catequizandos a ficarem em pé ao redor da Mesa da Palavra e formularem preces e louvores a Deus. Depois, conclui rezando o Pai-Nosso e a oração:

> *Deus, Pai de bondade, em nome do teu Filho te pedimos que sejamos fiéis na oração e na vivência comunitária, para que, unidos e partilhando nossos dons, possamos um dia chegar à vida eterna. Por Cristo, nosso Senhor. Amém.*

No final da oração, o catequista impõe as mãos sobre a cabeça de cada catequizando e traça o sinal da cruz em sua fronte dizendo:

> "N..., vai em paz, que o Senhor te acompanhe! Amém."

MATERIAL DE APOIO

- Aprofundar o tema nos parágrafos 2663 a 2669 e 2767 a 2772 do *Catecismo da Igreja Católica*.

Lembrete

Nas semanas do Natal e do Ano Novo não haverá encontros de catequese, porém, os catequizandos devem ser incentivados a participar das celebrações da comunidade (Missa da Vigília e do dia do Natal, Sagrada Família e Maria, Mãe de Deus).

Os encontros de catequese retornam na semana após a celebração da Epifania do Senhor.

5º Encontro — A vida de oração

Palavra inicial: Prezado catequista, neste encontro queremos orientar os nossos catequizandos a criar o hábito da oração, oferecendo meios para desenvolverem uma atitude orante e contemplativa.

Preparar o ambiente: Ambão com toalha branca, vela e flores, recipiente com água benta.

Acolhida: O catequista acolhe os catequizandos saudando-os com a frase: *"Hoje, vamos aprender a rezar, N...!"* e os conduz para a sala de encontro. Quando já estiverem na sala, saúda a todos mais uma vez, desejando-lhes boas-vindas.

Recordação da vida: Ao redor da Mesa da Partilha, ou em pé ao redor da Mesa da Palavra, motivar uma retrospectiva da semana, de como foram as festividades do Natal, bem como as celebrações do Tempo do Natal. O catequista poderá ainda perguntar sobre o encontro anterior, relembrando-o. Logo após, o catequista inicia a oração, louvando e agradecendo por tudo o que foi partilhado.

NA MESA DA PALAVRA

Oração inicial: O catequista poderá passar um recipiente com água benta, para que possam traçar o sinal da cruz em suas frontes recordando o Batismo. Motivando a oração inicial, o catequista invoca o Espírito Santo, rezando ou cantando.

O catequizando escalado dirige-se até o ambão, de onde proclama o texto bíblico. Antes, porém, todos poderão cantar, aclamando o Santo Evangelho.

Leitura do texto bíblico: Mt 6,5-6.

Depois de um momento de silêncio, o catequista lê o texto novamente, bem devagar, destacando alguns pontos:

> *"...quando rezares, entra no teu quarto, fecha a porta e reza ao teu Pai que está no oculto..."*

Todos se dirigem para a Mesa da Partilha.

NA MESA DA PARTILHA

Reconstruir com os catequizandos o texto bíblico. Depois, pedir para que abram suas Bíblias na passagem proclamada na Mesa da Palavra e convidá-los a uma leitura silenciosa, observando algum detalhe não comentado na reconstrução do texto. Se houver algo, todos podem partilhar.

Depois, refletir com os catequizandos sobre a importância de se ter uma vida de oração e sobre o fato de que apesar disso, não basta rezar, é preciso viver aquilo que rezamos e acreditamos. É preciso não só ir ao encontro de Deus, mas também vivê-lo e testemunhá-lo no nosso dia a dia. Somos constantemente tentados a desanimar e a não colocar em prática a nossa fé. Muitas coisas acontecem no nosso cotidiano, fazendo com que percamos a paciência, desacreditemos das pessoas e até duvidemos da ação de Deus.

Para superar a nossa fragilidade humana precisamos nos fortalecer diariamente, alimentando-nos da Palavra de Deus e dedicando-nos à oração (escuta, louvor, agradecimento e pedidos), para não desanimar em nossa missão de cristãos. Tal como necessitamos nos alimentar em determinados horários (café da manhã, almoço, lanche, jantar) para nos mantermos saudáveis, assim também precisamos ter uma rotina de oração.

Questionar quantas pessoas reclamam que não sabem rezar ou que não conseguem, porque se distraem facilmente e não conseguem se concentrar. Ouvir os catequizandos e depois dizer-lhes que ensina-nos o Catecismo da Igreja Católica que a oração supõe um esforço e uma luta contra nós mesmos e contra os embustes do tentador, e que as principais dificuldades no exercício da oração são a distração e a aridez (cf. CIC 2731). A solução está na fé, na conversão e na vigilância do coração. Para isso, é preciso criar uma rotina, criar o hábito para que isso aconteça. Sendo assim, o CIC ainda nos apresenta algumas pistas de como criar o hábito da oração:

1. Escolha um local: procure em casa um lugar que seja o seu ponto de referência. Crie, ali, um pequeno altar, com a imagem de seu santo de devoção, cruz, Bíblia e uma vela. Deixe sempre perto uma cadeira ou almofada.
2. Escolha um horário: procure rezar sempre na mesma hora. Logo quando acorda, antes de dormir ou um horário que lhe seja mais conveniente.
3. Sente-se de maneira confortável e faça um profundo silêncio.
4. Ao aparecerem distrações, tome consciência de cada uma delas, coloque-as de lado e volte a se concentrar, sem dizer nada, apenas contemplando Deus no silêncio, deixando-O falar e escutando-O.
5. Na primeira semana poderá, além do silêncio e da escuta, apenas fazer um momento de louvor e agradecimento pelo dia.
6. Depois de uma semana, poderá começar a ler um texto bíblico (liturgia diária), meditando alguns versículos do Evangelho e concluindo com os louvores, preces e agradecimentos.

Explicar que nos primeiros dias vamos nos sentir muito incomodados e inquietos, distraindo-nos com facilidade. Vamos ficar no máximo cinco minutos em silêncio. Depois de 15 dias, já vamos conseguir ficar sete minutos e assim por diante. Com perseverança, vamos adaptando nosso corpo à oração, ao silêncio e à escuta de Deus. E quando menos percebermos vamos perder a hora diante da oração, que com o passar do tempo será cada vez mais necessária e indispensável na nossa vida.

Vivência: O catequista poderá propor aos catequizandos que façam essa experiência de fechar os olhos e se concentrarem, disciplinando o corpo ao silêncio e à escuta. Para isso, pede para que se coloquem sentados com a coluna ereta, as duas mãos sobre as pernas e os olhos fechados. A princípio poderá colocar uma música instrumental, para ajudar a acalmar o corpo.

- Orientar a fazer um exercício de respiração: respirar pelo nariz e ir soltando devagarzinho o ar pela boca.
- Ao som da música, os catequizandos com os olhos fechados e já relaxados, o catequista solicita que cada um faça o seu momento de oração em silêncio. Em pensamento, conversem com Deus, entregando sua preocupação, fazendo algum pedido ou agradecendo por algo acontecido.
- Aos poucos, diminuir o volume do som, até não se ouvir mais a música.

- Pedir para que abram os olhos lentamente e concluir refletindo: a oração é a nossa fortaleza, pois nos aproxima de Deus. É o momento íntimo com o Pai, onde podemos contar nossas aflições, agradecer por algo que recebemos. A verdadeira oração não vem de palavras decoradas e muitas vezes sem sentido. Ela brota do nosso coração e da sinceridade com que procuramos Deus. Por meio dela nos tornamos mais próximos de Deus.

Conclusão: Deus nos conhece e sabe de todas as nossas necessidades antes mesmo que nós conversemos com Ele. Deus quer nos falar e quer nos ouvir, quer que estejamos mais próximos a Ele. Por isso a importância desse momento sozinho e em paz com Deus, pois Deus se manifesta no silêncio. Como gesto concreto, vamos chegar em casa e escolher um lugar como ponto de referência para nossa oração, seja no nosso quarto, na sala ou outro lugar, e durante toda a semana, exercitar e colocar em prática o que aprendemos neste encontro.

Oração final: O catequista convida os catequizandos a ficarem em pé ao redor da Mesa da Palavra. Poderá pedir a aqueles que desejarem que partilhem o que sentiram quando estavam com os olhos fechados e qual a oração, pedido ou agradecimento que fizeram. Depois, rezar o Pai-Nosso e concluir com a oração:

> *Deus, Pai amado, que conheces o coração de cada um de nós, ajuda-nos a ter uma vida de oração e que possamos escutar a tua voz a nos falar. Que saibamos silenciar nossa vida e nosso coração. Por Cristo, nosso Senhor. Amém!*

No final da oração, o catequista impõe as mãos sobre a cabeça de cada catequizando e traça o sinal da cruz em sua fronte dizendo:

> *"N..., reza sem cessar, vai em paz, que o Senhor te acompanhe! Amém."*

MATERIAL DE APOIO
- Aprofundar o tema nos parágrafos 2683 a 2758 do *Catecismo da Igreja Católica*.

6º Encontro — Pai-Nosso

Palavra inicial: Neste encontro, queremos trabalhar a invocação da oração que Jesus nos ensinou: "Pai nosso". Jesus compartilha conosco a filiação de Deus. Deus é nosso Pai. Podemos adorar o Pai porque Ele nos fez renascer para sua vida adotando-nos como seus filhos em seu Filho único: pelo Batismo nos incorpora no corpo de Cristo.

Preparar o ambiente: Ambão com toalha da cor do Tempo Litúrgico, vela e flores. Quadro com a imagem do abraço do Pai ao filho pródigo.

Para dinâmica: Revistas, tesouras sem ponta, cola e cartolina com a frase "Pai nosso!" escrita no centro.

Acolhida: O catequista acolhe os catequizandos saudando-os com a frase: *"Deus é Pai de todos nós, N..., seja bem-vindo!"* e os conduz para dentro da sala. Quando já estiverem na sala, saúda a todos mais uma vez, desejando-lhes boas-vindas.

Recordação da vida: Após serem acolhidos, ao redor da Mesa da Partilha, ou em pé ao redor da Mesa da Palavra, farão uma retrospectiva da semana, e o catequista poderá perguntar sobre o encontro anterior, pedindo que partilhem a experiência de escolher um lugar para a oração e como foi rezar todos os dias. Se tiverem escolhido o lugar, questioná-los: onde foi? O que colocaram para identifica-lo como lugar de oração (imagens, Bíblia, vela)? Qual o horário escolhido? Como foi rezar e quanto tempo conseguiram ficar em silêncio? Tiveram distrações?

NA MESA DA PALAVRA

Oração inicial: O catequista motiva um momento de oração, criando um clima de espiritualidade para o início do encontro e para a proclamação da Palavra.

O catequizando dirige-se até o ambão, de onde proclama o texto bíblico.

Leitura do texto bíblico: Rm 8,15-17.

Depois de um momento de silêncio, o catequista lê o texto novamente, bem devagar, destacando alguns pontos.

> *"...recebestes um espírito de filhos adotivos pelo qual clamamos: 'Abbá, Pai'. O próprio Espírito dá testemunho a nosso espírito de que somos filhos de Deus..."*

Todos se dirigem para a Mesa da Partilha.

NA MESA DA PARTILHA

O catequista pede para os catequizandos falarem sobre o que entenderam da passagem bíblica deste encontro. Depois, pedir aos catequizandos para abrirem suas Bíblias na passagem proclamada na Mesa da Palavra, e os convidar a uma leitura silenciosa, observando algum detalhe não comentado na reconstrução do texto. Se houver algo, todos podem partilhar.

Dependendo do que os catequizandos disserem, o catequista deverá instigá-los com algumas indagações do texto Bíblico. No texto, verificamos que se somos Filhos de Deus, também somos herdeiros.

O que é herdeiro? De qual herança o texto nos fala?

A oração que Jesus nos ensinou começa com uma invocação que dá um tom próprio a toda a oração, criando em nós o clima de intimidade e confiança que há de impregnar toda a oração que segue. Para rezar a oração do Pai-Nosso, é preciso experimentar Deus como Pai, com absoluta dependência de Deus, respeito e confiança.

Chamar Deus de Pai é aceitá-lo como gerador e fonte de vida. É situar-se diante de um Deus PAI. Dirigimo-nos a "Alguém" com rosto pessoal, atento aos desejos e necessidades do nosso coração. Dialogamos com um Pai que está na origem de nosso ser e que é o destino último de nossa existência. Quando pronunciamos esta palavra, "Pai", orientamos todo o nosso ser para o único que nos ama, compreende e perdoa, pois somos seus filhos.

Jesus, ao rezar, sempre se dirigia a Deus chamando-o de "Abba". Esta expressão aramaica, língua falada no tempo de Jesus, é um termo que era usado especialmente pelas crianças para dirigir-se a seu pai. Trata-se de um diminutivo carinhoso (algo como "papai") e que ninguém havia atrevido a empregar até então para dirigir-se a Deus. A atitude de Jesus diante de Deus é a daquele que fala a partir da confiança, do afeto e da ternura de uma pequena criança.

Mas Jesus não guarda só para si esta invocação, ensina também aos seus discípulos e a todos nós, para que invoquemos Deus com a mesma confiança e segurança, com a mesma intimidade.

Para rezar o Pai-Nosso é preciso despertar em nós esse "espírito de filho". Devemos aprender a orar com confiança total de filhos. Deus é um Pai que nos ama com amor insondável e que conhece nossas necessidades.

Mas não basta saber que Deus é Pai, é preciso que saibamos também que ele é Pai de toda família de seguidores de Jesus e de toda a humanidade, sem distinção. Rezamos a Oração do Senhor no plural, desde o começo até o fim. Jesus nos ensina a Dizer "Pai nosso", e não "Pai meu". Quem chama a Deus de Pai, não pode esquecer do próximo. Não podemos ser egoístas e pensarmos somente em nós. No Pai-Nosso não se pede nada só para si mesmo, mas para todos. Ninguém deve ficar excluído.

Rezar o Pai-Nosso é reconhecer a todos como irmãos e irmãs, sentir-se em comunhão com todos os homens e mulheres, sem excluir ninguém, sem desprezar nenhum povo e nem discriminar nenhuma raça.

Ao final, pedir para que os catequizandos analisem o quadro do filho pródigo e os questionar sobre quem são os personagens presentes na imagem. Refletir que Deus é o Pai que sempre acolhe, que sempre está de braços abertos, pronto a nos escutar e nos pegar no colo, não importando o que tenhamos feito.

Dinâmica: O catequista disponibiliza para os catequizandos revistas, tesouras sem ponta, cola e cartolina com a frase "Pai nosso!" e pede para que encontrem e recortem figuras de homens e mulheres, idosos e crianças de todas as raças e culturas e as colem ao redor da frase escrita na cartolina. Ao final, o catequista poderá afixar no ambão e, de mãos dadas com os catequizandos, ao seu redor, concluir o encontro.

Enquanto os catequizandos fazem a atividade, pode-se colocar uma música com o tema do filho pródigo e do Pai-Nosso.

Conclusão: Podemos invocar a Deus como "Pai" porque o Filho de Deus feito homem assim nos revelou, Ele, em quem, pelo Batismo, somos incorporados e adotados como filhos de Deus. O catequista poderá lembrar que, quando somos batizados, o ministro que está batizando só diz o primeiro nome de quem está sendo batizado: *"Eu te batizo, N..., em nome do Pai e do Filho e do Espírito Santo"*, lembrando que todos nós, batizados, recebemos o mesmo sobrenome: cristãos, e por isso, somos todos irmãos e formamos uma só família.

Oração final: Ao redor da Mesa da Palavra, o catequista pode incentivar os catequizandos a fazerem orações pelos seus pais ou responsáveis, ou ainda pedindo pela paz no mundo e pela união dos povos. Rezar um Pai-Nosso e concluir com a oração:

> *Senhor, nosso Deus, que te fizeste conhecer como Pai pelo teu Filho, Jesus, faz que sejamos verdadeiramente teus filhos e filhas, testemunhando e servindo aos nossos irmãos e irmãs. Por Cristo, nosso Senhor. Amém!*

No final da oração, o catequista impõe as mãos sobre a cabeça de cada catequizando e traça o sinal da cruz em sua fronte dizendo:

> *"Todos somos irmãos, N..., vai em paz, e que o Senhor te acompanhe! Amém."*

MATERIAL DE APOIO
- Aprofundar o tema nos parágrafos 2777 a 2793 do *Catecismo da Igreja Católica*.

7º Encontro

Que estais no céu

Palavra inicial: Neste encontro, queremos refletir com nossos catequizandos que o Céu não significa um lugar, mas uma maneira de ser; designa a presença de Deus que não está preso ao espaço ou ao tempo.

Preparando o ambiente: Ambão com toalha da cor do Tempo Litúrgico, vela, flores. Pedaços de bolo ou bolachas para a dinâmica.

Acolhida: O catequista acolhe os catequizandos saudando-os com a frase: *"O Céu começa aqui na Terra, N...!"* e os conduz para dentro da sala. Quando já estiverem na sala, saúda a todos mais uma vez, desejando-lhes boas-vindas.

Recordação da vida: Após serem acolhidos, ao redor da Mesa da Partilha, ou em pé ao redor da Mesa da Palavra, o catequista os convida a fazer uma retrospectiva da semana e do encontro anterior. Poderão destacar, ainda, os acontecimentos importantes que possam ter ocorrido na vida da comunidade.

NA MESA DA PALAVRA

Oração inicial: O catequista inicia a oração, valorizando todas as coisas ditas na recordação da vida. Convida-os a juntos rezarem a oração do Credo. No final, pode rezar a oração: *"Senhor, nós sabemos que o lugar onde Deus se encontra é no coração dos justos. Que Jesus nos ajude a caminhar rumo ao encontro de Deus e fazer de nossa vida a sua verdadeira morada"*.

O catequista convida o catequizando escalado para se dirigir até o ambão e proclamar o texto indicado.

Leitura do texto bíblico: 2 Co 5,1-5.

Em seguida, após uns minutos de silêncio, o catequista lê o texto novamente, desta vez pausadamente, destacando alguns pontos do texto.

> *"...teremos nos céus uma casa preparada por Deus e não por mãos humanas, uma casa eterna..."*

Após a leitura, todos se dirigem para a Mesa da Partilha.

NA MESA DA PARTILHA

Pedir aos catequizandos para abrirem suas Bíblias na passagem proclamada e os convidar a uma leitura silenciosa. Depois, motivá-los a refletir sobre o texto bíblico, indagando que morada é essa que iremos herdar, de que fala o texto?

Depois de ouvir os catequizandos, o catequista pergunta se Deus está na sala do encontro? Todos vão dizer que sim. Depois, diz que Deus é maior que a sala. Então, pergunta se Deus está na cidade toda? Mas Ele é maior que a cidade. Ele então está no Brasil? Mas Deus é maior que o Brasil. Deus está no mundo? Mas Deus é maior que o mundo. Então os questiona se Deus está aqui, ou estamos em Deus. A sala, a cidade, o Brasil e o mundo... estão em Deus. Deus é o Lugar.

O Céu não corresponde a um lugar, mas designa a presença de Deus, que não está preso ao espaço ou ao tempo. Não devemos procurar o Céu por cima das nuvens. Quando nos dedicamos a Deus na sua glória e ao próximo em necessidade, quando fazemos a experiência da alegria do amor, quando nos convertemos e nos reconciliamos com Deus... surge então o Céu. Não é Deus que está no Céu: o Céu (lugar) é que está em Deus.

Podemos dizer que o Céu começa aqui, na Terra. Na liturgia da Missa, quando o padre convida a todos a cantarem em uma só voz o "Santo", unimos a assembleia da Terra (Igreja militante) com a Igreja do Céu (Igreja triunfante, todos os que morreram na glória de Deus). O Céu é todo lugar onde Deus está, ou melhor, é tudo o que está em Deus.

Perguntar aos catequizandos:

- Algum de vocês já fez algo que depois se sentiu tão bem, que parecia estar mais leve, mais alegre, em estado de "graça", sentindo uma felicidade sem fim? (Deixar que falem.) Pois bem, essa pode ser uma pequena experiência de nos sentirmos no Céu e mais próximos de Deus. Na Terra, o Céu está por toda a parte onde as pessoas estão cheias de amor a Deus, ao seu próximo e a si mesmas.

Dinâmica: colocar, no centro de uma mesa, pedaços de bolo ou bolachas e solicitar aos catequizandos que fiquem em pé ao redor dela com as mãos para trás. Pedir para que tentem pegar um pedaço de bolo e colocar na boca, sem mudar a posição das mãos e sem usar a boca para pegá-lo. Obviamente não irão conseguir. A ideia é fazer com que percebam que para comerem o bolo é necessário que um ajude o outro. Reconheçam que é possível pegar o pedaço de bolo, porém, não conseguem colocar na própria boca, mas é possível colocar na boca de quem está do seu lado. A ideia, portanto é que um ajude o outro. Depois todos se sentam novamente e o catequista pede para que partilhem o que aprenderam com essa dinâmica.

O catequista poderá dizer que esse é o Céu. Momento em que as pessoas deixam o egoísmo e começam a colaborar umas com as outras.

Conclusão: O Céu é um interminável momento de amor. Podemos, através das nossas ações, trazer esse Céu como Reino de Deus aqui na Terra. Já vivemos o "já" e o "ainda não" aqui na Terra, ou seja, com nossas ações, orações e liturgia, já vivemos aqui um pedacinho do Céu. Vemos um pedacinho, mas não em plenitude do qual só viveremos quando estivermos frente a frente com Deus, na sua presença.

Como gesto concreto, cada um pode procurar ajudar alguém durante a semana. Sejam os pais, em casa, ajudando-os nos afazeres da casa e sendo obediente, ajudando um colega na escola, não xingando, doando algum brinquedo, roupa ou alimento a famílias carentes. Que todos nós possamos, através das nossas ações, transformar em Céus todos os nossos ambientes.

Oração final: O catequista convida os catequizandos a ficarem em pé ao redor da Mesa da Palavra e encerra com uma oração final. Não se esquecer de incentivar os catequizandos a formularem orações e preces. Conclui com a oração:

> *Querido Pai do Céu, hoje nos ensinastes que o Céu não é um lugar, mas é um sinal da sua presença. Conceda-nos a graça de nunca te abandonarmos e que a cada dia proclamemos os ensinamentos que teu Filho nos deixou. Por Cristo, nosso Senhor. Amém.*

No final da oração, o catequista impõe as mãos sobre a cabeça de cada catequizando e traça o sinal da cruz em sua fronte dizendo:

> "N..., construí neste mundo um pedacinho do Céu, vai em Paz, que o Senhor te acompanhe!"

MATERIAL DE APOIO

- Aprofundar o tema nos parágrafos 2794 a 2802 do *Catecismo da Igreja Católica* (CIC).

Lembrete

Propomos que os encontros de catequese tenham um período de Recesso nas próximas semanas. O tempo variará de acordo com o Calendário Litúrgico. Para programar-se, pegue o calendário do ano em decurso e veja o dia em que será celebrada a Quarta-feira de Cinzas. Na semana que antecede a Quarta-feira de Cinzas deverá ser realizado o 8º Encontro. O período entre o 7º e o 8º Encontros será o período de recesso da catequese. Porém, o catequista poderá usar outro critério mais conveniente à realidade pastoral da comunidade.

8º Encontro

Os sete pedidos

Palavra inicial: Neste encontro, queremos meditar sobre os sete pedidos contidos na oração do Pai-Nosso, além de falar dos pedidos e intenções que constantemente elevamos a Deus, lembrando sempre que o que deve prevalecer é a vontade de Deus e não a nossa.

Preparar o ambiente: Ambão com toalha da cor do Tempo Litúrgico, Bíblia e velas. Três cartazes: um com a invocação *"Pai nosso, que estais no Céu"*, um com os três primeiros pedidos do Pai-Nosso e um com os últimos quatro pedidos.

Acolhida: O catequista acolhe os catequizandos saudando a cada um com a frase: *"Deus sempre escuta nossa oração, N..., seja bem-vindo!"*. Quando já estiverem na sala, saúda a todos mais uma vez, desejando-lhes boas-vindas.

Recordação da vida: Após serem acolhidos, ao redor da Mesa da Partilha, ou em pé, ao redor da Mesa da Palavra, faça uma retrospectiva da semana, pedindo para que os catequizandos partilhem o que cada um experienciou nesse período. Poderão destacar, ainda, acontecimentos importantes que possam ter ocorrido na vida da comunidade.

NA MESA DA PALAVRA

Oração inicial: O catequista motiva a oração inicial pedindo o Espírito Santo. Depois, conclui com a oração:

> *Senhor, nosso Deus, estamos aqui reunidos para te louvar e agradecer. Queremos estar com nossos corações abertos para acolher a tua vontade em nossas vidas. Tu conheces nossos corações e sabes tudo de que precisamos para melhor servirmos e amarmos a Ti. Pedimos humildemente que envies teu Espírito Santo para nos dar sabedoria e coragem. Amém.*

O catequizando aproxima-se do ambão e proclama o texto indicado. Antes, porém, o catequista poderá convidar a todos para cantarem aclamando o santo Evangelho.

Leitura do texto bíblico: Mateus 7,7-11.

Depois de um período de silêncio, o catequista lê o texto novamente, desta vez pausadamente, destacando alguns pontos.

> *"Pedi e vos será dado [...] Pois quem pede, recebe [...] vosso Pai, que está nos céus, dará coisas boas aos que pedirem."*

Após a leitura, todos se dirigem para a Mesa da Partilha.

NA MESA DA PARTILHA

Reconstruir com os catequizandos o texto bíblico proclamado. Depois, pedir aos catequizandos para abrirem suas Bíblias na passagem proclamada e convidá-los a uma leitura silenciosa, observando algum detalhe não comentado na reconstrução do texto. Se houver algo, todos podem partilhar.

Conversar com os catequizandos dizendo que Deus está sempre atento à nossa oração. Conhece o nosso coração e sabe que nenhum de nós pode viver sem a ajuda Dele. Foi por isso que, quando os discípulos pediram a Jesus que os ensinasse a rezar, Ele, na oração do Pai-Nosso, deixou-nos sete pedidos essenciais para nossa caminhada cristã. Sete pedidos que não podemos deixar de fazer ao Pai em nossas orações. Esses pedidos são divididos em dois blocos. O catequista então pega os três cartazes confeccionados com antecedência e os cola em um lugar visível, de modo que o primeiro seja o cartaz com a invocação *"Pai nosso que estais nos Céus"*, e logo abaixo cola os outros dois, um ao lado do outro.

Mostrando os cartazes, o catequista explica que Jesus, na sua oração, deixou sete pedidos, sete bênçãos que se dividem em dois blocos. Os três primeiros têm por objetivo a glória do Pai: a santificação do seu Nome; a vinda do seu Reino; o cumprimento da sua vontade. O catequista então pede para os catequizandos rezarem juntos estes três primeiros pedidos escritos no segundo cartaz. E acrescenta, ainda, que com estes três pedidos reconhecemos a grandeza de Deus e que sem Ele não podemos nada. Acreditamos que Ele sabe de tudo de que precisamos e nos dá gratuitamente, sem exigir ou querer algo em troca. Que a vida nesse mundo é passageira, e aqui somos formados para um dia nos encontrarmos com Ele no seu Reino.

Depois, diz que os outros quatro pedidos apresentam a Deus nossos desejos. Esses pedidos falam da nossa vida enquanto seres humanos, pecadores e sujeitos a erros. Pedidos que fazemos para que Deus nos alimente, nos cure e nos ajude no combate visando à vitória do Bem sobre o mal.

Na sequência, o catequista convida os catequizandos a olharem para o terceiro cartaz e juntos rezarem os quatro pedidos, e acrescenta que eles são essenciais para a nossa caminhada terrestre. Neles reconhecemos que todos somos irmãos e confiamos na misericórdia de Deus, que nos perdoa constantemente, dá-nos o pão necessário para sobrevivermos e nos fortalece a cada dia no combate do mal.

Os catequizandos podem partilhar o que entenderam, e nesse momento, o catequista verificará a compreensão de cada um. Após, convida os catequizandos a participar da dinâmica.

Dinâmica: O catequista distribui pedaços de papel e canetas para os catequizandos e pede para que façam um momento de silêncio para escutar Deus que nos fala. Depois, pede para que escrevam orações e preces. Uma por toda a Igreja, outra pelas famílias enfermas e que passam fome e, por fim, outra por nossas famílias e por eles mesmos. Lembrando que as nossas orações, como nos ensina a Sagrada Tradição, sempre se iniciam por uma invocação a Deus, como na oração do Pai-Nosso ("Pai de bondade...", "Pai de misericórdia...", "Senhor, nosso Deus...", "Deus, nosso Pai...").

Conclusão: À medida que forem terminado, o catequista, com a ajuda de um catequizando, cola os pedidos ao redor do primeiro cartaz, com a invocação da oração do Pai-Nosso. Quando todos terminarem, o catequista, levando o cartaz para junto da Mesa da Palavra, convida a todos os catequizandos a se colocarem em círculo para a oração final do encontro.

Oração final: ao redor da Mesa da Palavra, o catequista poderá ler novamente o texto do Evangelho e ressaltar as palavras de Jesus, dizendo que Deus é nosso Pai e que atende aos pedidos dos seus filhos, basta pedir com confiança e esperar sempre no Senhor. Depois, cumprindo o que Jesus disse, cada catequizando lê em voz alta seus pedidos. Todos os catequizandos poderão se comprometer em rezar durante a semana por essas intenções. O catequista poderá encerrar convidando a todos a rezarem o Pai-Nosso e conclui com a oração:

Senhor Deus, nosso Pai, com o coração sincero e cumprindo o que Jesus nos disse, hoje nos apresentamos diante de Ti e apresentamos nossos pedidos e preces. Olha com bondade a cada um destes pedidos e escuta as nossas orações. Por Cristo, nosso Senhor. Amém.

No final da oração, o catequista impõe as mãos sobre a cabeça de cada catequizando e traça o sinal da cruz em sua fronte dizendo:

"N..., vai em paz, que o Senhor te acompanhe! Amém."

MATERIAL DE APOIO

- Da Carta a Proba, de Santo Agostinho, bispo (Séc. V)

A Oração do Senhor

Temos necessidade de palavras para incitar-nos e ponderarmos o que pediremos, e não com a intenção de dá-lo a saber ao Senhor ou a comovê-lo.

Quando, pois, dizemos: **santificado seja o teu nome**, exortamo-nos a desejar que seu nome, imutavelmente santo, seja também considerado santo pelos homens, isto é, não desprezado.

O que é de proveito para os homens, não para Deus.

E ao dizermos: **venha teu reino que**, queiramos ou não, virá sem falta, acendemos o desejo deste reino; que venha para nós e nele mereçamos reinar.

Ao dizermos: **faça-se a tua vontade assim na Terra como no Céu**, pedimos-lhe conceder-nos esta obediência, de sorte que se faça em nós sua vontade do mesmo modo como é feita no Céu por seus anjos.

Dizemos: **o pão nosso de cada dia dá-nos hoje**. Pela palavra hoje se entende este nosso tempo. Ou, com a menção da parte principal, indicando o todo pela palavra pão, pedimos aquilo que nos basta. O sacramento dos fiéis, necessário agora, não, porém, para a felicidade deste tempo, mas para alcançarmos a felicidade eterna.

Dizendo: **perdoa-nos as nossas dívidas, assim como nós perdoamos a nossos devedores**, tomamos consciência do que pedimos e do que temos de fazer para merecer obtê-lo.

Ao dizer: **não nos leves à tentação**, advertimo-nos a pedir que não aconteça que, privados de seu auxílio em alguma tentação, iludidos, consintamos nela, ou cedamos perturbados.

Dizer: **livra-nos do mal** nos leva a pensar que ainda não estamos naquele Bem em que não padeceremos de mal algum. E este último pedido da oração dominical é tão amplo, que o cristão, em qualquer tribulação em que se veja, por ele pode gemer, nele derramar lágrimas, daí começar, nele demorar-se, nele terminar a oração. É preciso guardar em nossa memória, por meio destas palavras, as realidades mesmas.

Pois quaisquer outras palavras que dissermos – tanto as formadas pelo afeto que as precede e esclarece, quanto as que o seguem e crescem pela atenção dele – não dirão nada que não se encontre nesta oração dominical, se orarmos como convém. Quem disser algo que não possa ser contido nesta prece evangélica, sua oração, embora não ilícita, é carnal; contudo não sei como não ser ilícita, uma vez que somente de modo espiritual devem orar os renascidos do Espírito.

9º Encontro — Santificado seja o vosso Nome

Palavra inicial: Prezado catequista, no encontro de hoje queremos refletir sobre o Nome de Deus, o Santo dos Santos. Queremos resgatar o valor do sagrado; Deus e os espaços destinados ao seu encontro; valorizar a sacralidade dos espaços litúrgicos.

Preparando o ambiente: Ambão com toalha da cor do Tempo Litúrgico, vela, flores.

Acolhida: O catequista acolhe os catequizandos dizendo-lhes: "*Deus te chama, N..., seja bem-vindo!*". Quando já estiverem na sala, saúda a todos mais uma vez, desejando-lhes boas-vindas.

Recordação da vida: Ao redor da Mesa da Partilha, ou em pé, ao redor da Mesa da Palavra, fazer uma breve recordação dos fatos ocorridos durante a semana.

NA MESA DA PALAVRA

Oração inicial: O catequista inicia a oração valorizando todas as coisas ditas na recordação da vida. Depois, invoca o Espírito Santo, cantando ou rezando "Vinde, Espírito Santo...".

O catequista convida o catequizando escalado para se dirigir até o ambão e proclamar o texto indicado.

Leitura do texto bíblico: Ex 3,1-6.

Em seguida, após alguns minutos de silêncio, o catequista o lê novamente, desta vez pausadamente, destacando alguns pontos do texto.

> "...*Deus o chamou do meio da sarça: 'Moisés! Moisés!' Ele respondeu: 'Aqui estou!' [...] 'Tire as sandálias dos pés, pois o lugar onde estás é chão sagrado'...*"

Após a leitura, todos se dirigem para a Mesa da Partilha.

NA MESA DA PARTILHA

Pedir aos catequizandos para que reconstruam o texto lido. Depois, pedir que abram suas Bíblias na passagem proclamada e convidá-los a uma leitura silenciosa, observando algum detalhe não comentado na reconstrução do texto. Se houver algo, todos podem partilhar.

O catequista poderá comentar que no Antigo Testamento os judeus não pronunciavam o Nome de Deus, em sinal de respeito, pois na cultura bíblica, o nome não é só um termo para designar uma pessoa ou um objeto. O nome indica realmente o ser, a natureza íntima dessa pessoa ou desse objeto. Deus não diz o seu Nome, apenas diz que é o Deus de nossos pais, pois se acreditava que saber o Nome de Deus significava manipulá-lo, significava tomar posse Dele. Sendo assim, Deus revela seu Nome através das suas ações. "Eu sou aquele que sou", um Deus amigo que ama seu povo, um Deus fiel que os salva e liberta, que corrige e perdoa. Em Cristo nos foram revelados definitivamente toda bondade e o amor salvador que o Nome de Deus encerra.

Falar em "santidade", na tradição bíblica, indica-nos o modo próprio de ser de Deus. Só Deus é realmente Santo. Seu modo de ser não pode ser comparado com nada nem ninguém. Assim sendo, a santidade de Deus é exigência e fundamento para a humanidade viver de maneira santa.

O desejo de pedir que "santificado seja o teu nome" nasce em nós porque o Nome de Deus não é santificado nem glorificado. Seu Nome não é reconhecido. Seu Nome de Pai é desprezado, ignorado quando crescem no mundo o ódio, a inveja e as injustiças. Ele é ofendido quando se ofende seus filhos e filhas. Ao rezar, pedimos que Deus santifique o próprio Nome e que se faça reconhecer por todos.

Concretamente, santificar o Nome de Deus significa para nós respeitar a Deus e aceitar sua presença salvadora em nossa vida, sem pretender manipulá-lo. Significa dar-Lhe o lugar devido em nossa vida, em nosso pensar e agir, dar-Lhe o lugar devido no nosso coração, sem colocar obstáculos à sua ação salvadora em nós. É colocar só Nele a nossa esperança e confiança. É viver como verdadeiros filhos, acolhendo a todos como irmãos.

Aprofundando mais a passagem bíblica lida, Deus pede a Moisés para tirar as sandálias, pois o chão onde se encontravam tornava-se santo, em ocasião do seu encontro. Deus está presente, o Sagrado, o Santo dos Santos. Tirar as sandálias significa despir-se de toda vaidade, orgulho... Reconhecer que diante de Deus nada somos.

Conclusão: santificamos o Nome de Deus quando o reconhecemos em nossa vida e deixamos Ele agir em nós. Quando reconhecemos a sua face no rosto do nosso irmão. Quando amamos e respeitamos o nosso próximo. Quando servimos e deixamos de ser servidos.

As igrejas, capelas e oratórios são lugares de encontro com Deus e, portanto, lugares sagrados por causa da sua presença. É preciso também, além de santificar o Nome de Deus, buscar valorizar e santificar o lugar destinado ao seu encontro. Ao entrarmos no espaço sagrado (igreja, capelas) vamos procurar mudar nosso comportamento, silenciando mais nosso coração e respeitando o local em que estamos.

Sendo assim, o catequista poderá propor aos catequizandos que formulem um gesto concreto em dois sentidos. Primeiro, o que eu posso fazer concretamente para santificar o nome de Deus na minha vida. Depois, como eu posso fazer para valorizar e reconhecer que a igreja ou capela onde eu participo das celebrações realmente seja local de encontro com Jesus e que realmente aquele lugar se torne "chão sagrado". Deixar os catequizandos meditarem por um tempo. Depois, poderão partilhar o que cada um se propõe a fazer.

Dinâmica: Ione Buyst[3], em uma conferência, propõe, como sugestão, uma experiência (vivência) no espaço litúrgico a ser realizada individualmente, com o seguinte roteiro, e que poderá ser sugerido aos catequizandos para que o façam durante a semana:

1. entrada no espaço litúrgico;

2. encaminhar-se até à igreja, com passos lentos, prestando atenção, respirando, consciente do caminho, do seu próprio centro e dos passos que dá;

3. ao chegar ao limiar, pare, sinta a alegria de chegar à casa do Senhor ("*Que alegria quando me disseram: vamos à casa de Deus!*"(Sl 121,1)"), deixe que se acenda em seu santuário interior a chama do sagrado;

4. se quiser e puder, tire o calçado ("Este chão é sagrado!"(Ex 3,5)). Respire fundo, entre no recinto como se fosse pela primeira vez;

---

3   BUYST, Ione. Memória da 20ª. Semana e Esclarecimento do termo mistagogia. Texto apresentado na abertura da 21ª Semana de Liturgia – São Paulo, de 15 a 19 de outubro de 2007.

5. observe, ande em silêncio por todo o espaço, deixe que o próprio espaço lhe fale. Deixe-se impregnar por ele. Interaja com ele com olhares, gestos, afeto (se já conhecia o ambiente, pode se lembrar das ações litúrgicas das quais nele participou). Sempre respirando conscientemente, amorosamente. Sempre "ligado/a" com seu "centro";
6. depois de algum tempo, prepare-se para sair, lentamente. Faça um último gesto antes de atravessar a porta.

Oração final: O catequista convida os catequizandos a ficarem em pé ao redor da Mesa da Palavra e encerra com uma oração final. Não esquecer de incentivar os catequizandos a formularem orações e preces. Conclui com a oração:

> *Pai de Jesus e nosso Pai, mais uma vez aqui nos colocamos em tua presença. Pedimos verdadeiramente que teu Nome seja santificado em todo o tempo e lugar. Pedimos também que saibamos nos portar diante do "chão sagrado" de nossas comunidades, templos vivos do Espírito Santo. Por Cristo, nosso Senhor. Amém.*

No final da oração, o catequista impõe as mãos sobre a cabeça de cada catequizando e traça o sinal da cruz em sua fronte dizendo:

> "N..., santificado seja o Nome de Deus. Vai em paz e que o Senhor te acompanhe!".

MATERIAL DE APOIO
- Aprofundar o tema nos parágrafos 2807 a 2815 do Catecismo da Igreja Católica (CIC).

10º Encontro — Venha a nós o vosso Reino

Palavra inicial: Prezado catequista, no encontro de hoje queremos refletir sobre o Reino de Deus. Reino este inaugurado por Jesus Cristo e que será realizado plenamente na segunda vinda de Cristo. Nossa fé é escatológica. Clamamos sempre que o Senhor venha: "Vinde, Senhor Jesus!".

Preparando o ambiente: Ambão com toalha da cor do Tempo Litúrgico, vela, flores e sementes de mostarda para serem distribuídas para todos os catequizandos.

Acolhida: O catequista acolhe os catequizandos dizendo-lhes: "*Seja bem-vindo, N..., Deus te chama a construir o Reino!*". Quando já estiverem na sala, saúda a todos mais uma vez, desejando-lhes boas-vindas e convida-os a se dirigirem até a Mesa da Palavra.

Recordação da vida: Após serem acolhidos, ao redor da Mesa da Partilha, ou em pé, ao redor da Mesa da Palavra, o catequista os convida a fazer uma retrospectiva da semana. O catequista poderá perguntar sobre o encontro anterior, relembrando-o.

NA MESA DA PALAVRA

Oração inicial: o catequista motiva a oração inicial, invocando o Espírito Santo e concluindo com uma oração espontânea.

Um catequizando aproxima-se do ambão e proclama o texto indicado. Antes, porém, todos poderão cantar, aclamando o santo Evangelho.

Leitura do texto bíblico: Mc 4,26-32.

Depois de um período de silêncio o catequista lê o texto novamente, desta vez pausadamente, destacando alguns pontos.

> "...'O Reino de Deus é como um homem que joga a semente na terra'. [...] 'Com quem vamos comparar o Reino de Deus' [...] 'É como o grão de mostarda que, na semeadura, é a menor de todas as sementes da terra. Mas, depois de semeado, cresce e se torna maior do que todas as hortaliças...'"

Após a leitura, todos se dirigem para a Mesa da Partilha.

NA MESA DA PARTILHA

Reconstruir com os catequizandos o texto bíblico. Deixar que falem. Depois, pedir para abrirem suas Bíblias na passagem proclamada e os convidar a uma leitura silenciosa, observando algum detalhe não comentado na reconstrução do texto. Se houver algo, todos podem partilhar.

O catequista questiona os catequizandos sobre o que eles entendem por "Reino de Deus". O que é um reino ou reinado?

Após ouvir as respostas e comentários, o catequista recorda que reino ou reinado é uma área dominada ou governada por um rei (uma Monarquia). É uma forma de governo em que o chefe de Estado mantém-se no cargo até a morte ou a abdicação, sendo normalmente um regime hereditário, que passa de pai para filho. O chefe de Estado dessa forma de governo recebe o nome de monarca (normalmente com o título de rei ou rainha).

Explica que na época de Jesus tinha-se este tipo de governo e que o mesmo governava apenas por seus interesses. Os reis e imperadores exploravam o povo e não governavam a favor dos pobres e marginalizados.

Jesus, então, tem a missão de inaugurar um novo Reino, agora não mais temporal, humano, mas um Reino que iria além desta Terra. Um Reino onde reinasse verdadeiramente a paz, a igualdade, a fraternidade, o serviço, o AMOR.

Jesus, na sua missão, começa a anunciar o "Reino de Deus", Reino este diferente da lógica humana. Reino que não pode ser entendido como o "Céu", lugar de recompensa após a morte, nem ainda como algo interior, que se realiza no interior dos crentes. Também não devemos confundir com a Igreja, como se o Reino de Deus só se realizasse dentro da instituição eclesiástica.

O Reino de Deus anunciado e inaugurado por Jesus vai muito além. É, em primeiro lugar, acreditar que Deus é o Soberano do povo, o Rei dos reis. É Ele quem conduz a humanidade. O Reino de Deus é algo inaugurado nesta Terra por Jesus Cristo, está em marcha e acontece agora. Por isso, ao dizer "venha a nós o teu Reino", não estamos pedindo para ir para o Céu, mas estamos almejando que o Reino de Deus se torne realidade entre nós, aqui nesta Terra, que chegue sua justiça. Pedimos a conversão, que transforma nosso interior e a realidade inteira do mundo, a vida material e espiritual da sociedade, para que seja mais conforme com os desígnios de Deus. Pedimos que o Reino não se limite às fronteiras da Igreja, mas que o Reino de Deus chegue ao mundo inteiro e também à Igreja.

Por isso, vimos no Evangelho proclamado que Jesus compara o Reino a um semeador que lança a semente, pois o Reino de Deus é semente lançada, plantada por Cristo e que crescerá com o nosso cultivo. Não é algo estrondoroso, barulhento, mas que acontece no silêncio, que cresce em meio ao barulho do mundo. É Graça de Deus em meio aos homens. É semente que foi semeada no mundo para ir crescendo, como um punhado de fermento que foi introduzido na história humana para ir transformando-a (Mt 13,33).

Jesus não veio inaugurar um reino de caráter poderoso, político, mas veio introduzir justiça, verdade, saúde e perdão na humanidade.

O Reino de Deus é um processo, já está aqui, mas não ainda em plenitude, não está completo. Foi semeado e deve ir crescendo aos poucos.

Dinâmica: o catequista pergunta aos catequizandos se eles já viram ou se conhecem a semente de mostarda, depois, distribui um pouco para cada um e pede para colocarem na palma da mão. Pede para olharem e diz que o grão de mostarda é pequeno, é a menor das sementes de hortaliças, mas que quando semeado cresce e se torna grande, maior que todas as outras hortaliças. O Reino de Deus é assim: seu começo é humilde, insignificante mas destinado a ter um alcance universal. O Reino de Deus é para todos!

Depois, pede para guardarem as sementes e levarem para casa. Aqueles que quiserem podem plantá-las e acompanhar seu desenvolvimento, lembrando sempre do Reino que cresce silenciosamente e produz muitos frutos na humanidade.

Gesto concreto: O catequista poderá pedir aos catequizandos que formulem um gesto concreto sobre como cada um poderá fazer para cultivar o Reino de Deus. Os gestos podem ser diversos: perdoar alguém que o tenha magoado; não pegar o que pertence aos outros sem permissão; ajudar os necessitados, os pobres e excluídos de nossa sociedade; conversar e dar atenção aos idosos abandonados; visitar hospitais etc. Além de promover a mudança interior: respeitar os mais velhos; respeitar os pais; não mentir; não fazer fofoca; não ter inveja e nem falar mal das outras pessoas.

O catequista dá um tempo para os catequizandos pensarem, depois, pede que partilhem como poderão contribuir com o crescimento do Reino de Deus. Deixar que falem. Depois, convida a todos a se reunirem ao redor da Mesa da Palavra.

Oração final: Poderão ser feitas orações e preces por toda a Igreja e pelo crescimento do Reino de Deus. Concluir com o Pai-Nosso e com a oração:

> *Deus, Pai de bondade, louvamos-Te e agradecemos por enviar teu Filho ao mundo para anunciar e instaurar teu Reino aqui na Terra. Pedimos-Te que nos fortaleça na missão de anuncia-lo e fazê-lo crescer em nosso meio, para que ele se cumpra plenamente com a segunda vinda de Cristo. Por nosso Senhor, Jesus Cristo. Amém.*

No final da oração, o catequista impõe as mãos sobre a cabeça de cada catequizando e traça o sinal da cruz em sua fronte dizendo:

> *"Buscai o Reino de Deus, N... Vai em paz e que o Senhor te acompanhe! Amém".*

MATERIAL DE APOIO

- Aprofundar o tema nos parágrafos 2816 a 2821 do *Catecismo da Igreja Católica* (CIC).

11º Encontro

O Reino: nossa meta!

Palavra inicial: Neste encontro queremos mostrar aos catequizandos que o Reino de Deus é a grande meta a ser conquistada. Mesmo com todas as dificuldades, não se deve desanimar.

Preparar o ambiente: Ambão com toalha da cor do Tempo Litúrgico, Bíblia, vela, flores. Providenciar para a atividade: coração grande vermelho com a figura de Jesus em oração no centro, figuras contrárias à busca do Reino de Deus (guerras, crianças abandonadas, entre outras), tiras de papel mais ou menos com 5cm de largura, canetas, fita adesiva.

Acolhida: O catequista acolhe os catequizandos com a frase (ou outra semelhante): "N..., Cristo te chama a construir o Reino de Deus".

Recordação da vida: Ao redor da Mesa da Partilha ou da Mesa da Palavra, lembrar fatos e acontecimentos que marcaram a semana. Lembrar que no último encontro pedíamos que o Reino de Deus viesse até nós: "Venha a nós o vosso Reino". Qual o reino que queremos para a nossa vida? Será que presenciamos algum fato positivo ou negativo sobre a construção do Reino de Deus? E nós, estamos fazendo acontecer esse Reino?

NA MESA DA PALAVRA

Oração inicial: O catequista conduz a oração de uma maneira bem espontânea, onde depois poderá cantar ou rezar invocando o Espírito Santo: "Vinde, Espírito Santo, enchei...".

Um catequizando dirige-se até o ambão, de onde proclama o texto bíblico. Antes, porém, todos poderão cantar aclamando o santo Evangelho.

Leitura do texto bíblico: Lc 9,57-62.

Depois de um momento de silêncio, o catequista lê o texto novamente, bem devagar, destacando alguns pontos.

> "...Ninguém que põe a mão no arado e olha para trás serve para o reino de Deus."

Todos se dirigem para a mesa da partilha.

NA MESA DA PARTILHA

Reconstruir o texto bíblico com os catequizandos. Deixar que falem. Depois, pedir para que abram suas Bíblias na passagem proclamada na Mesa da Palavra, e convidá-los a uma leitura silenciosa, observando algum detalhe não comentado na reconstrução do texto. Se houver algo, todos podem partilhar.

O catequista medita com os catequizandos o texto bíblico, dizendo que Jesus nos faz um convite para segui-lo e levar adiante o projeto do Pai. É um convite que requer renúncia e desapego das coisas materiais. A vida do discípulo, do verdadeiro seguidor de Cristo, requer uma vida comum com Ele. Seguir Jesus requer um compromisso de assumir a cruz, ser desapegado dos bens materiais, da família e da nossa própria vontade. É abandonar-se nas mãos do Pai e deixá-lo nos conduzir. É não murmurar ou reclamar quando as coisas não acontecem do jeito que queremos e nem esperar elogios e agradecimentos humanos. É pegar no arado e não olhar para trás.

Neste texto, Jesus deixa bem claro como é necessário o cristão superar os obstáculos que encontra na vida, quando está disposto a segui-lo. Jesus foi categórico em afirmar que não é fácil ser seu seguidor. Ser cristão sem trabalho não condiz com os ensinamentos de Jesus. Na vida cristã não existe lugar para a preguiça.

O Reino de Deus é construído a cada dia, com o nosso testemunho e com o nosso trabalho por um mundo mais fraterno e solidário, construindo relações mais humanas, instaurando a paz e promovendo a reconciliação, não sendo omisso diante das injustiças e sempre mantendo viva a esperança em Deus, sem cair no pessimismo ou no desespero.

Onde podemos colocar a mão no arado na nossa vida? Na família? Na escola? Nas nossas brincadeiras? Como podemos construir o Reino de Deus no cotidiano de nossa vida? A que somos apegados (dinheiro, roupa, brinquedos)?

Atividade: Apresentar o coração com a imagem de Jesus ao centro e as figuras ao redor e questionar se conhecem algumas das realidades vistas nas imagens. Perguntar se há algumas dessas realidades perto de nós, nas nossas famílias ou que já tenham visto pela TV; pessoas que por algum motivo estão sofrendo. Pedir para os catequizandos se lembrarem de situações ou pessoas que estão desesperadas e sem esperança. Deixar que pensem. O catequista propõe aos catequizandos para que, observando as figuras, escolham uma das situações e escrevam, nas tiras de papel, ações necessárias para transformar aquela situação, fazendo com que o Reino de Deus aconteça.

Conclusão: após terminarem, convidar os catequizandos a se dirigirem com o que escreveram à Mesa da Palavra. O catequista os motiva a partilhar, e um de cada vez poderá colar o papel com sua ação para mudar aquela realidade ao redor do coração vermelho ou do lado das situações que escolheram.

O catequista conclui dizendo que a nossa meta é o Reino de Deus, que fomos criados para ser cidadãos do Céu e que para chegar lá é preciso gastar a nossa vida. Todas as atitudes que escrevemos no papel devem estar no nosso coração e na nossa mente. Devemos colocar em prática, doando-nos e servindo aos mais necessitados, partilhando o que temos com os que nada têm.

Oração final: O catequista motiva os catequizandos a formularem orações e preces pedindo pelas pessoas e pelas situações sobre as quais refletiram anteriormente. Após, convida a todos a rezarem o Pai-Nosso e concluir com a oração:

> *Deus, Pai de bondade, que nos chamastes para fazer com que o teu Reino se tornasse realidade no meio da humanidade, faz com que tenhamos força e coragem para renunciar às coisas deste mundo e buscar as coisas que não passam. Por Cristo, Senhor nosso. Amém.*

No final da oração, o catequista impõe as mãos sobre a cabeça de cada catequizando e lhes traça o sinal da cruz em sua fronte dizendo:

> *"N..., seja anunciador do Reino. Vai em paz e que Jesus te acompanhe! Amém".*

12º Encontro

Seja feita a vossa vontade

Palavra inicial: No encontro de hoje, queremos meditar que Jesus nos ensina que entramos no Reino dos Céus não por palavras, mas fazendo a vontade do Pai.

Preparando o ambiente: Ambão com toalha da cor do Tempo Litúrgico, Bíblia, vela e flores. Para o momento de partilha, cartolina e caneta.

Acolhida: O catequista recebe os catequizandos com a frase: "N..., fazei sempre a vontade do Pai!". Quando já estiverem na sala, saúda a todos mais uma vez, desejando-lhes boas-vindas.

Recordação da vida: Ao redor da Mesa da Partilha ou da Mesa da Palavra, o catequista poderá perguntar sobre o encontro anterior, pedindo para que partilhem o que cada um experienciou. Poderão destacar, ainda, acontecimentos importantes que possam ter ocorrido na vida da comunidade.

NA MESA DA PALAVRA

Oração inicial: O catequista inicia a oração valorizando todas as coisas ditas na recordação da vida e invoca o Espírito Santo cantando ou rezando. Na sequência, convida um catequizando para se dirigir até o ambão e proclamar o texto indicado.

Leitura do texto bíblico: 1 Tm 2,1-5.

Em seguida, após alguns minutos de silêncio, o catequista lê o texto novamente, desta vez pausadamente, destacando alguns pontos do texto.

> "...Ele deseja que todos sejam salvos e cheguem ao conhecimento da verdade..."

Após a leitura, todos se dirigem para a Mesa da Partilha.

NA MESA DA PARTILHA

Pedir aos catequizandos para que reconstruam o texto lido. Depois, solicitar que abram suas Bíblias na passagem proclamada na Mesa da Palavra e convidá-los a uma leitura silenciosa, observando algum detalhe não comentado na reconstrução do texto. Se houver algo, todos podem partilhar.

Meditar com os catequizandos dizendo que a vontade de Deus é que ninguém se perca. Que todos nós, que somos suas ovelhas, possamos fazer parte de um mesmo rebanho e possamos merecer a vida eterna. É vontade do nosso Pai que todas as pessoas sejam salvas. Deus sempre usa de paciência e misericórdia com todos nós, pois não quer que ninguém se perca.

Após, perguntar se os catequizandos conhecem alguém que tem feito a vontade de Deus. Quem? Por quê? Poderão ser lembrados santos e santas (recordar encontro da segunda etapa, onde cada catequizando pesquisou a vida de um santo), pessoas justas que lutaram por um mundo melhor. Ainda poderá ser perguntado aos catequizandos o que eles acham que é vontade de Deus para nós. O que Ele quer que aconteça na nossa vida, ou que nós façamos? Incentivar os catequizandos a falarem.

As respostas poderão ser anotadas em uma cartolina.

Após analisarem as respostas registradas, perguntar aos catequizandos se querem acrescentar algo que acreditem que seja a vontade de Deus. Se não houver mais nenhuma contribuição, o catequista poderá pedir para que meditem por alguns minutos, em silêncio, questionando-se: eu estou fazendo isso? Estou realizando a vontade de Deus na minha vida?

Depois desse momento, dizer aos catequizandos que Jesus foi o único que cumpriu a vontade do Pai até o final. Que Ele foi obediente até a morte de cruz. Na oração de sua agonia, Ele consente totalmente com a vontade do Pai, dizendo que não se cumpra a vontade Dele, mas a vontade Daquele que o enviou. É por isso que Jesus se entregou a si mesmo pelos nossos pecados, segundo a vontade de Deus. O homem pecou pela desobediência e em não assumir seus próprios erros; Jesus, por sua vez, foi obediente e cumpriu em tudo o projeto do Pai.

Qual é a vontade de Deus para nós? Às vezes não entendemos o que Deus quer de nós. Às vezes ficamos bravos porque as coisas não acontecem como queremos, ou como planejamos. Mas com o tempo, conseguimos entender e compreender o porquê das coisas.

O catequista poderá contar a historinha "O rei e o súdito"[4] , facilmente encontrada na internet. No final, pode concluir dizendo que devemos sempre confiar em Deus.

Conclusão: Muitas vezes até sabemos qual é a vontade de Deus em uma determinada situação que estamos vivendo, mas nem sempre a seguimos. Porém, só encontraremos a verdadeira felicidade e paz de espírito quando fizermos e entendermos o que Deus quer de nós. Deus quer a nossa salvação! Para isso devemos orar, pedindo a força necessária para que se cumpra a vontade do Pai em nossa vida.

O catequista poderá convidar os catequizandos a se colocarem em uma posição confortável e por alguns instantes de silêncio fazer um momento de oração e escuta.

Oração final: O catequista convida os catequizandos a ficarem em pé ao redor da Mesa da Palavra e fazerem preces e louvores. Rezar o Pai-Nosso e concluir com a oração:

> "Pai do Céu, não pedimos saúde nem doença, nem vida, nem morte, mas que disponhas da minha saúde e da minha doença, da minha vida e da minha morte, para a Tua glória e para a minha salvação. Só Tu sabes o que me é útil."[5] Amém!

No final da oração, o catequista impõe as mãos sobre a cabeça de cada catequizando e traça o sinal da cruz em sua fronte dizendo:

> "Cumpri sempre a vontade do Pai, N... Vai em paz e que Senhor te acompanhe!".

---

4   Sugestão de site: O rei e o súdito. Disponível em: <https://www.youtube.com/watch?v=FRTizriWTa8> Acesso em 18 de maio de 2015.
5   PASCAL, Blaise. In: Youcat. n. 522.

13º Encontro — A vontade de Deus em nós

Palavra inicial: prezados catequistas, no encontro de hoje, queremos refletir com os catequizandos sobre a vontade de Deus para nossa vida. Deus tem um projeto para a humanidade e para cada um de nós, que nem sempre condiz com o que queremos ou buscamos.

Preparar o ambiente: ambão com toalha da cor do Tempo Litúrgico, Bíblia, flores e vela.

Acolhida: o catequista acolhe os catequizandos saudando-os com a frase: *"Deus tem um projeto para você, N..., seja bem-vindo!"*.

Recordação da vida: quando todos estiverem na sala do encontro, ao redor da Mesa da Partilha ou da Mesa da Palavra, o catequista os convida a apresentar fatos e acontecimentos que marcaram a semana e a vida da comunidade.

NA MESA DA PALAVRA

Oração inicial: o catequista inicia a oração de maneira bem espontânea, onde invoca o Espírito Santo, cantando ou rezando.

O catequista convida a todos a cantar aclamando o Santo Evangelho. Em seguida, o catequizando dirige-se até o ambão, de onde proclama o texto bíblico.

Leitura do texto bíblico: Lc 22,39-42.

Depois de um momento de silêncio, o catequista lê o texto novamente, bem devagar, destacando alguns pontos.

> *"...Pai, se queres, afasta de mim este cálice; contudo, não se faça a minha vontade mas a tua!"*

Todos se dirigem para a Mesa da Partilha.

NA MESA DA PARTILHA

Reconstruir com os catequizandos o texto bíblico. Depois, pedir aos catequizandos para abrirem suas Bíblias na passagem proclamada na Mesa da Palavra e convidá-los a uma leitura silenciosa, observando algum detalhe não comentado na reconstrução do texto. Se houver algo, todos podem partilhar.

Jesus reza ao Pai pedindo que se cumpra a sua vontade. Jesus, como verdadeiro homem, também teve a tentação de que, se possível, ele não precisasse beber do cálice, ou seja, passar pela morte. Mas a obediência de Cristo em cumprir até o último momento a vontade do Pai fez com que sua humanidade fosse glorificada e a morte vencida. Com sua obediência Jesus resgata o homem da morte eterna.

Assim como Deus tinha um projeto para o Filho e este se cumpriu plenamente, Deus também tem um projeto para cada um de nós. Todo ser humano sonha e planeja o seu futuro, porém, com o passar do tempo, nem sempre as coisas acontecem como planejado, e quando isto acontece, muitos murmuram, falam mal e se revoltam contra Deus.

Antes de planejarmos alguma coisa, como cristãos e seguidores do Mestre Jesus, temos que entregar nossa vida a Ele e consagrá-la totalmente a Deus. Devemos ter nossos planos e projetos, sim, mas tendo consciência de que é a vontade de Deus que deve prevalecer. Deus sabe o que é melhor para nós.

Sendo assim, hoje somos convidados a fazer um projeto de vida pessoal. O que queremos para nossa vida e para o nosso futuro? Somos convidados hoje a já começar a pensar no que queremos. Mas claro, dentro deste projeto somos convidados a refletir o que se encaixa no projeto de salvação que Deus tem para nós. O que vai contra o que Deus pede e nos ensinou.

Enfim, o catequista convida a todos a pensarem em seu projeto de vida, levando sempre em conta fazer a vontade de Deus, buscando como fim último o Reino de Deus. Deixando de lado os bens materiais e passageiros.

O catequista poderá convidar os catequizandos a se colocarem em uma posição confortável e por alguns instantes de silêncio fazer um momento de oração e escuta.

Conclusão: Que possamos entregar nossa vida e nossas vontades a Deus, e com a ajuda do Espírito Santo, implorar a sua força para que possamos, em tudo, fazer a vontade de Deus.

Oração final: O catequista convida os catequizandos a ficarem em pé ao redor da Mesa da Palavra e a formularem orações e preces. Poderá rezar a oração do Pai-Nosso e concluir com a oração:

> *Senhor Deus, que conheces a história de cada um de nós, envia o teu Espírito Santo, para que com o auxílio Dele consigamos buscar fazer a tua vontade em nossa vida e não a nossa. Por Cristo, nosso Senhor. Amém.*

No final da oração, o catequista impõe as mãos sobre a cabeça de cada catequizando e traça o sinal da cruz em sua fronte dizendo:

> *"Em tudo fazei a vontade de Deus, N... Vai em paz e que o Senhor te acompanhe! Amém".*

14º Encontro — Assim na Terra como no Céu

Palavra inicial: No encontro de hoje, queremos refletir com nossos catequizandos que Céu e Terra indicam a totalidade de toda a criação. Ao rezar *"seja feita a tua vontade, assim na Terra como no Céu"*, pedimos ao Pai que faça a sua vontade em todo lugar, em toda a criação.

Preparar o ambiente: Ambão com toalha da cor do Tempo Litúrgico, Bíblia, vela e flores.

Acolhida: O catequista acolhe os catequizandos, saudando-os com a frase: *"Que a vontade de Deus se cumpra em todo lugar, N... Seja bem-vindo!"*.

Recordação da vida: Quando todos estiverem na sala de encontro, em clima de oração, ao redor da Mesa da Partilha ou da Mesa da Palavra, o catequista os motiva a recordar fatos e acontecimentos que marcaram a semana. O catequista poderá perguntar sobre o encontro anterior, pedindo que partilhem o que escreveram no *Diário* sobre o seu projeto de vida.

NA MESA DA PALAVRA

Oração inicial: o catequista conduz a oração inicial. Poderá invocar o Espírito Santo, rezando ou cantando.

Um catequizando dirige-se até o ambão, de onde proclama o texto bíblico. Antes, porém, todos poderão cantar aclamando o santo Evangelho.

Leitura do texto bíblico: Mt 7,21-23.

Depois de um momento de silêncio, o catequista lê o texto novamente, bem devagar, destacando alguns pontos.

> *"Nem todo aquele que me diz: 'Senhor! Senhor!', entrará no reino dos Céus, mas quem fizer a vontade de meu Pai que está nos céus..."*.

Todos se dirigem para a mesa da partilha.

NA MESA DA PARTILHA

Reconstruir com os catequizandos o texto bíblico. Deixar que falem. Depois, pedir aos catequizandos para abrirem suas Bíblias na passagem proclamada na Mesa da Palavra e convidá-los a uma leitura silenciosa, observando algum detalhe não comentado na reconstrução do texto. Se houver algo, todos podem partilhar.

Após a reconstrução do texto bíblico, refletir com os catequizandos que na linguagem bíblica, quando se fala de "Céu e Terra", o que se quer indicar é a totalidade do que existe, toda a criação. Mas como vimos na invocação inicial, "Céu" é o lugar próprio de Deus e "Terra" é o espaço do homem. Nessa perspectiva, pedimos que se realize entre a humanidade o que se dá em Deus. Que se realize na Terra o desígnio que decidiste no Céu; que se faça entre nós o que o Pai decidir.

Orígenes, em um de seus comentários, escreveu: "Se fosse feita a vontade de Deus na Terra como se faz no Céu, a Terra já não seria Terra... seríamos então Céu". Portanto, pedimos a Deus que a sua vontade se faça sempre e em todo lugar, que ninguém nem nada se feche aos seus desígnios, que sua vontade de salvação abrace a tudo.

Jesus foi obediente até o fim, é caminho a seguir. Fazer a vontade do Pai nos introduz numa relação nova e especial com Ele. Jesus resume todos os mandamentos da lei no amor, que nos amemos uns aos outros. Pedimos que o amor que reina no Céu seja uma realidade na Terra. Onde reina o amor, não há espaço para brigas, inveja, ciúmes, fofocas e violência.

No Evangelho, Jesus diz que *"nem todo aquele que me diz: 'Senhor! Senhor!', entrará no Reino dos Céus mas só aquele que põe em prática a vontade de meu Pai que está nos céus"* (Mt 7,21). Ora, muitos de nós participamos da catequese, da santa Missa, mas quando chegamos em casa, desrespeitamos os pais, xingamos, mentimos e tantas outras coisas que não condizem com o que Deus quer de nós. É vontade de Deus que todos se salvem e sejam santos, que se amem mutuamente e tenham uma vida de serviço e de doação.

O catequista poderá interrogar os catequizandos perguntando: como podemos fazer a vontade de Deus aqui na Terra, como no Céu? Como podemos fazer da Terra um pedacinho do Céu? O que é o Céu?

Depois, convidá-los a um instante de oração, onde cada um poderá imaginar como a Terra seria diferente se fosse vivida como extensão do Céu, ou seja, se a vontade de Deus, que é amor, prevalecesse em todas as nossas escolhas e decisões. Neste momento de silêncio e oração, pedir para os catequizandos rezarem pela paz no mundo e pelo fim da intolerância religiosa.

Conclusão: Jesus foi o único obediente até o fim, o único que cumpriu plenamente a vontade do Pai. Deus sabe que somos fracos e pecadores, e por isso Cristo morreu por cada um de nós e nos deu a oportunidade de retornar ao paraíso, a viver junto de Deus. Como gesto concreto, no decorrer desta semana somos convidados a rezar por todas as pessoas que não tiveram a oportunidade de conhecer e fazer a experiência de Jesus Cristo. Somos convidados a rezar para que o Céu seja uma realidade já aqui na Terra, onde todos busquem fazer a vontade do Pai.

Oração final: O catequista convida os catequizandos a ficarem em pé ao redor da Mesa da Palavra e, de mãos dadas, em sinal de unidade, rezar a oração do Pai-Nosso e concluir com a oração:

> *Senhor, Pai Santo, que resgataste toda a humanidade pela morte de Cruz de teu Filho, ajuda-nos a viver aqui na Terra a tua vontade, como no Céu, testemunhando e anunciando teu Reino de amor a todos os homens e mulheres. Por Cristo, nosso Senhor. Amém.*

No final da oração, o catequista impõe as mãos sobre a cabeça de cada catequizando e traça o sinal da cruz em sua fronte, dizendo:

> *"Fazei a vontade de Deus, N... Vai em paz e que Ele te acompanhe! Amém".*

MATERIAL DE APOIO

- Aprofundar o tema nos parágrafos 2822 a 2827 do Catecismo da Igreja Católica (CIC).

15º Encontro — O pão nosso de cada dia nos dai hoje

Palavra inicial: Neste encontro, desenvolveremos junto aos catequizandos que Jesus nos ensina a confiar na providência divina e também a sermos corresponsáveis por aqueles irmãos e irmãs que não possuem o pão em sua mesa.

Preparar o ambiente: Ambão com toalha da cor do Tempo Litúrgico, Bíblia, vela e recortes de revistas que mostram pássaros livres e um vaso de flor (preferencialmente lírio).

Acolhida: O catequista acolhe os catequizandos, saudando-os com a frase: *"Deus providencia o necessário para a nossa vida, N..., seja bem-vindo!"*, e os conduz para dentro da sala. Quando já estiverem na sala, saúda a todos mais uma vez, desejando-lhes boas-vindas.

Recordação da vida: Ao redor da Mesa da Partilha ou da Mesa da Palavra, após serem acolhidos, farão uma retrospectiva da semana, e o catequista poderá perguntar sobre o encontro anterior, pedindo para que partilhem o que cada um experienciou. Poderão destacar, ainda, acontecimentos importantes que possam ter ocorrido na vida da comunidade.

NA MESA DA PALAVRA

Oração inicial: O catequista inicia a oração invocando o Espírito Santo, rezando ou cantando.

O catequista convida a todos a cantarem, aclamando o Santo Evangelho. Em seguida, o catequizando dirige-se até o ambão, de onde proclama o texto bíblico.

Leitura texto bíblico: Mt 6,25-34.

Depois de um momento de silêncio, o catequista lê o texto novamente, bem devagar, destacando alguns pontos.

> *"...não vos preocupeis com vossa vida, com o que comereis ou bebereis [...] Vosso Pai celeste sabe que necessitais de tudo isso. Buscai, pois, em primeiro lugar o reino de Deus e sua justiça e todas estas coisas vos serão dadas de acréscimo..."*

Todos se dirigem para a Mesa da Partilha.

NA MESA DA PARTILHA

Reconstruir o texto bíblico com os catequizandos. Depois, pedir para abrirem suas Bíblias na passagem proclamada na Mesa da Palavra e convidá-los a uma leitura silenciosa, observando algum detalhe não comentado na reconstrução do texto. Se houver algo, todos podem partilhar.

No texto, vemos a confiança que Jesus nos pede para depositar no Pai. Ele também confiava. Nos momentos de angústia e desespero pelos quais passou, a confiança que Ele depositava em Deus foi a força necessária para que seguisse em frente e não desanimasse. E nós? Nos nossos momentos de dificuldades, temos confiado na providência divina? Conhecemos alguém que mesmo diante de todo o sofrimento não se desesperou e esperou firme, tendo certeza do auxílio divino?

Depois, conversar com os catequizandos sobre o quarto pedido do Pai-Nosso: "o pão nosso de cada dia nos dai hoje".

Com este pedido começa a segunda parte da Oração do Senhor. Nos três primeiros estava centrada em Deus: "teu nome", "teu reino", "tua vontade". A partir de agora a atenção se volta para nós mesmos: "nosso pão", "nossas ofensas", "não nos deixes cair em tentação", "livra-nos do mal".

Pedir pão é um gesto próprio dos mais pobres, que não têm o mínimo para viver. Na língua materna de Jesus, o pão significava "alimento" de modo geral, o mais básico e essencial para uma pessoa sobreviver. A vida depende do pão, e por isso pedimos a Deus o alimento necessário e indispensável para a nossa vida. Não vivemos sem nos alimentar, e pedindo o "pão" a Deus, reconhecemos nossa total dependência Dele. Ou seja, reconhecemos que dependemos de Deus inclusive para o nosso sustento material. Quando pedimos o pão ao Pai, estamos pedindo algo bom e necessário para viver.

Porém, esse pedido não é feito no singular: "pão meu", mas sim no plural, "pão nosso", lembrando que o pão não é só minha necessidade particular, mas expressa a necessidade de todos os homens e mulheres da Terra. Pedimos ao Pai o pão de que cada ser humano necessita para viver. Não temos o direito de pensar apenas em nossa própria satisfação, nossas necessidades, e esquecer de milhões de pessoas que passam fome e não têm o mínimo para sobreviver. Quantos famintos e desnutridos estão espalhados pelo mundo ou mesmo ao nosso lado? Temos o dever e a obrigação, como cristãos, de partilhar o pão que temos. Enquanto houver alguém com necessidade e passando fome, o pão que guardamos e acumulamos é alimento injusto, não nos pertence. Lembremos o que disse Jesus no Evangelho de Mateus (25,35): "Tive fome e me destes de comer, tive sede e me deste de beber". Portanto, ao fazer este pedido, não podemos ignorar os menos favorecidos. Sempre existe alguém mais pobre do que nós, com quem podemos partilhar o que temos em nossa mesa (seja alimento, roupas, brinquedos, livros etc.).

Pedir o pão de cada dia significa pedir a Deus o necessário somente para o dia de HOJE, para o presente, sabendo que a cada dia temos necessidade dele, mas sem a preocupação de juntar bens para o futuro. Lembremos aqui o texto bíblico que hoje meditamos. Não pedimos riqueza nem bem-estar, mas o necessário para alimentar-nos dia a dia, cobrindo nossas necessidades fundamentais. Isto implica todo um estilo de vida sóbrio e confiante em Deus.

Nos diz o CIC (2861), que o "pão nosso designa o alimento terrestre necessário à subsistência de todos nós e significa também o pão da vida: Palavra de Deus e corpo de Cristo". Ao pedir ao Pai o pão, estamos reconhecendo nossa completa dependência Dele, não só no nível do sustento material, mas também, da necessidade do pão da sua Palavra e da Eucaristia para alimentar nosso espírito, "pois não só de pão vive o homem, mas de toda palavra que sai da boca de Deus" (Mt 4,4). Pedimos o Evangelho, a Palavra de Deus que alimenta nosso viver diário e o pão do Corpo e Sangue de Cristo. Para nós, cristãos, o verdadeiro pão é o próprio Cristo. "Eu sou o pão vivo que desceu do céu. Quem come deste pão viverá eternamente. E o pão que eu darei é minha carne, entregue pela vida do mundo" (Jo 6,51).

O pedido de pão adquire uma riqueza extraordinária. Pedimos sustento material e alimento espiritual, tudo o que é necessário para viver.

Dinâmica: Apresentar o vaso de flores para os catequizandos, fazendo uma analogia com o texto bíblico. No texto, vemos que Deus providencia o necessário para que a planta cresça viçosa e com veste necessária. Passar o vaso de mão em mão para os catequizandos contemplarem a criação divina: reparar as cores, formato, textura, se possui perfume...

Logo após, mostrar as imagens dos pássaros: são livres, não precisam trabalhar, mas têm o seu alimento garantido e tudo o mais de que necessitam para sua sobrevivência.

Refletir junto aos catequizandos:

- Se Deus se preocupa e cuida tanto assim de uma flor que é tão frágil e de vida breve, de pássaros que vivem a sobrevoar os céus (criaturas de Deus), imaginem o que Ele não tem nos reservado? Nós, que não somos somente criaturas, mas filhos, coerdeiros de todo o seu Reino.

Conclusão: Pedir o pão para o nosso dia a dia nos torna pessoas que esperam da bondade do seu Pai do Céu tudo o que é necessário, tanto os bens materiais como os espirituais. Nenhum cristão deve fazer esse pedido sem pensar também na sua responsabilidade real por aqueles a quem faltam os bens mais básicos deste mundo.

Como gesto concreto, sugerimos que os catequizandos sejam motivados a trazer, para o próximo encontro, alimentos não perecíveis, roupas e brinquedos, para serem partilhados com alguma família carente, ou ainda bolo, pão, refrigerante e outros alimentos, para serem levados a um asilo e partilhar o café com os internos. O interessante seria que todos os catequizandos fossem até o local escolhido e ali vissem a realidade dos menos favorecidos, como sugerido no próximo encontro.

Oração final: Ao redor da Mesa da Palavra, o catequista motiva os catequizandos a formularem preces e orações pedindo o pão necessário à nossa sobrevivência, não se esquecendo dos nossos pobres. Poderá encerrar com o Pai-Nosso e com a oração:

> *Senhor, nosso Deus, que cuida de cada um de nós com carinho, provendo o alimento necessário para o nosso sustento. Ajuda-nos a partilhar com alegria o que temos. Por Cristo, nosso Senhor. Amém.*

No final da oração, o catequista impõe as mãos sobre a cabeça de cada catequizando e traça o sinal da cruz em sua fronte dizendo:

> "N..., partilhai com alegria o que tens. Vai em paz e que o Senhor te acompanhe! Amém".

MATERIAL DE APOIO

- Aprofundar o tema nos parágrafos 2828 a 2837 do Catecismo da Igreja Católica (CIC).

> **Atenção**
>
> No próximo encontro, sugerimos uma vivência, onde os catequizandos serão convidados a visitar alguma família carente ou instituição que cuide de pessoas pobres ou abandonadas. Se o catequista optar pela nossa sugestão da visita, explicar neste encontro ainda como será a vivência: como deverão se organizar, o que deverão levar e onde se encontrar. O dia e o horário poderão ser diferentes dos da catequese, favorecendo a participação de todos, bem como a disponibilidade da família ou instituição escolhida. Se for escolhida alguma família para ser visitada, o grupo de catequizandos poderá ser dividido em pequenos grupos, facilitando, na prática, a visita e não constrangendo também a família visitada, que talvez não tenha como acolher e acomodar a todos. Neste caso, várias famílias poderão ser visitadas e depois, no próximo encontro, poderão partilhar como foi fazer a visita e os sentimentos que tiveram. Poderão ser incentivados a, antes, fazer uma pequena coleta de alimentos na comunidade para levar às famílias.
>
> Os pais também poderão ser incentivados a participar dessa ação, tanto da coleta como da visita.
>
> Antes da visita, sugerimos um breve encontro, onde os catequizandos serão preparados sobre como se portar durante a visita, bem como farão uma pequena oração antes de saírem.

16º Encontro
O pão de cada dia

Palavra inicial: Prezado catequista, no encontro de hoje queremos fazer uma vivência, levando os catequizandos a conhecer a realidade de uma família menos favorecida ou de um instituição que cuide de pessoas carentes. Se o catequista optar por não fazer a visita, sugerimos, além da oração inicial, que servirá para os dois momentos, um breve esquema de encontro.

Preparar o ambiente: Ambão com toalha da cor do Tempo Litúrgico, vela, Bíblia e alimentos a serem partilhados.

Acolhida: O catequista acolhe os catequizandos, saudando-os carinhosamente com a frase: *"Vamos partilhar com alegria nossos dons, N...!"*.

Recordação da vida: Neste momento, ao redor da Mesa da Partilha ou da Mesa da Palavra, recordar fatos e acontecimentos que marcaram a vida da comunidade e como foi fazer a coleta de mantimentos que serão partilhados.

NA MESA DA PALAVRA

Oração inicial: O catequista, reunindo todos os acontecimentos da recordação da vida, inicia a oração, invocando o Espírito Santo.

Depois, um catequizando dirige-se até o ambão, de onde proclama o texto bíblico.

Leitura do texto bíblico: At 2,42-47.

Após um momento de silêncio, o catequista lê o texto novamente, bem devagar, destacando alguns pontos.

> *"Eles eram perseverantes em ouvir o ensinamento dos apóstolos, na comunhão fraterna, na partilha do pão e nas orações..."*.

Se o catequista optar por não fazer a visita, todos se dirigem para a Mesa da Partilha. Se forem fazer a visita, o catequista encerra o momento de oração e os convida a saírem para a vivência.

NA MESA DA PARTILHA

O catequista estimula os catequizandos a falarem o que entenderam do texto. Depois, pedir aos catequizandos para abrirem suas Bíblias na passagem proclamada na Mesa da Palavra e convidá-los a uma leitura silenciosa, observando algum detalhe não comentado na reconstrução do texto.

O catequista poderá conversar com os catequizandos sobre a realidade e a diferença social vivida em nosso país, comentando as diferenças que separam as pessoas, as razões porque alguns possuem tanto e outros estão sem nada, sem o necessário para viver dignamente. Proporcionar uma reflexão sobre as razões dessas diferenças e o que podemos fazer para diminuir a desigualdade social.

Poderá ressaltar a importância de não se desperdiçar comida e lembrar o encontro da primeira etapa, em que aprendemos a rezar antes das refeições agradecendo a Deus pelo alimento que temos em nossa mesa.

Outros temas pertinentes poderão ser lembrados pelo catequista, contemplando a realidade dos catequizandos.

Se não forem realizadas as visitas, os alimentos arrecadados poderão ser encaminhados à Pastoral Social ou a alguma entidade beneficente.

Conclusão: O catequista conclui dizendo que a partilha não deve ser feita somente uma vez por ano, mas deve ser constante em nossa vida. Os pobres comem durante todo o ano. Poderá ser combinado com os catequizandos para que todo mês se comprometam em trazer algo para ser partilhado e entregue à Pastoral Social ou a alguma família "adotada" pela turma de catequese.

Oração final: O catequista convida os catequizandos a ficarem em pé ao redor da Mesa da Palavra para a oração final, motivando-os a formularem orações e preces. Reza-se a oração do Pai-Nosso e conclui-se com a oração:

> Ó Deus, fonte de toda a vida, queremos, a exemplo do teu Filho, Jesus, e da nossa Igreja, ter um especial olhar pelos mais pobres de nossa sociedade. Queremos verdadeiramente ser cristãos, partilhando com alegria o que temos. Por Cristo, nosso Senhor. Amém.

No final da oração, o catequista impõe as mãos sobre a cabeça de cada catequizando e traça o sinal da cruz em sua fronte dizendo:

> "N..., sede perseverante na partilha do pão. Vai em paz e que o Senhor te acompanhe!".

Lembrete

Solicitar a todos que tragam o *Diário Catequético e Espiritual do Catequizando* no próximo encontro, pois iremos utilizar a carteirinha de dizimista que está no anexo.

17º Encontro — Sou responsável por minha igreja, sou dizimista!

Palavra inicial: Neste encontro, procuraremos despertar em nossos catequizandos a importância de ser dizimista. Refletir que nós, cristãos, somos os responsáveis pela manutenção da Igreja. Que o dízimo não é o que nos sobra, mas uma parte de tudo aquilo que ganhamos de Deus.

Preparar o ambiente: Ambão com toalha da cor do Tempo Litúrgico, vela, flores e Bíblia. Para a dinâmica: cartaz com a ilustração de uma grande Igreja, contendo em sua fachada o desenho de tijolos. Neles devem estar escritos alguns dos gastos mensais que a paróquia ou comunidade tem: energia, água, hóstias, vinho, salário com funcionários, cursos, formação das lideranças, flores, entre outros; fichas para o cadastro de dizimistas; carteirinha do dizimista (no anexo do *Diário* de cada catequizando) e etiquetas de preço simbolizando tijolinhos onde será marcada a contribuição do catequizando.

Acolhida: O catequista acolhe os catequizandos saudando-os com a frase: *"N..., você também é responsável pela manutenção de nossa comunidade!"* e os conduz para dentro da sala de encontro.

Recordação da vida: Após serem acolhidos, ao redor da Mesa da Partilha ou da Mesa da Palavra, farão uma retrospectiva da semana, e o catequista poderá perguntar sobre o encontro anterior, pedindo para que conversem sobre o que cada um experienciou. Poderão destacar, ainda, os acontecimentos importantes que possam ter ocorrido na vida da comunidade.

NA MESA DA PALAVRA

Oração inicial: O catequista motiva a oração inicial. Invocar o Espírito Santo rezando ou cantando.

Depois, um catequizando dirige-se até o ambão, de onde proclama o texto bíblico. Antes, porém, todos poderão cantar, aclamando o Evangelho.

Leitura do texto bíblico: Mc 12,41-44.

Depois de um momento de silêncio o catequista lê o texto novamente, bem devagar, destacando alguns pontos.

> *"...veio, então, uma pobre viúva e pôs no cofre apenas duas moedinhas [...] Esta pobre viúva deu mais do que todos os que depositaram no cofre [...] ela, porém, na sua indigência, deu tudo que tinha, todo o seu sustento".*

Todos se dirigem para a Mesa da Partilha.

NA MESA DA PARTILHA

O catequista reconstrói o texto bíblico com os catequizandos. Algumas perguntas poderão ajudar: o que as pessoas estavam fazendo? Quem foi a pessoa que mais ofertou? Por quê? Depois, pedir aos catequizandos para abrirem suas Bíblias na passagem proclamada na Mesa da Palavra, e os convidar a uma leitura silenciosa, observando algum detalhe não comentado na reconstrução do texto. Se houver algo, todos podem partilhar.

O catequista então começa a refletir com os catequizandos sobre a importância do dízimo para manutenção e sobrevivência da Igreja.

Introduz pedindo para que os catequizandos olhem para a sala da catequese e depois se lembrem da Igreja, enfim, de toda a estrutura da paróquia e da comunidade e os questiona dizendo: tudo isso que está aqui hoje, as salas de catequese, a Igreja, as cadeiras, mesas, luz, sala limpa... tudo isso, de onde veio, quem comprou, quem mantém tudo isso?

Depois de ouvi-los, o catequista diz que tudo isso é mantido com o dinheiro do dízimo e com ofertas doadas pelos fiéis.

Poderá ainda perguntar se já ouviram falar do dízimo e o que ele significa. O catequista, então, explica que o dízimo é a décima parte de tudo aquilo que ganhamos e que deveria ser ofertada à Igreja para a manutenção da comunidade. O dízimo tem origem no Antigo Testamento (Lv 27,30) e era tido como 10% de tudo o que era produzido. O versículo do texto bíblico poderá ser lido com os catequizandos.

O catequista, então, esclarece a importância de todos os fiéis batizados terem a consciência de que são responsáveis por manter a Igreja e seu projeto de evangelização. Depois, abre o cartaz com o desenho da igreja e mostra quais são os principais gastos, apontando os tijolos nela desenhados. Diz que o dinheiro arrecadado no dízimo, além de manter os gastos com a estrutura (luz, água...), é também revertido para a evangelização (formação de agentes de pastoral, missões...), bem como destinado às obras de caridade (hospitais, creches, orfanatos, asilos mantidos pela Igreja, além de ser enviado para regiões e países mais pobres). Estas são as três dimensões do dízimo: religiosa, missionária e social.

O catequista poderá perguntar se algum catequizando já é dizimista ou se sabe se os pais contribuem com o dízimo.

Propor que todos os catequizandos sejam dizimistas, dizendo que poderiam comprometer-se dando uma parte daquilo que ganham dos pais, avós e de outras pessoas. Sugerir para que todos os meses deixem de comprar algo de que gostam para oferecer como seu dízimo, sua parcela de contribuição na manutenção e sustento da Igreja e das obras de evangelização e caridade. Ouvir o que os catequizandos acham e como poderiam ser dizimistas, o que poderiam deixar de comprar para poder devolver como dízimo, lembrando a passagem do Evangelho que foi lida. A viúva deu tudo o que tinha para sobreviver. E nós, o que podemos dar? Aquilo que nos sobra ou aquilo que vai nos faltar?

Atividade: O catequista distribui uma ficha de cadastro de dizimista para cada catequizando e diz que deverá ser preenchida e entregue na mesa do dízimo na Igreja ou na secretaria paroquial, e que a partir do momento em que a ficha for entregue, eles se tornarão dizimistas. É importante que seja a mesma ficha que é preenchida pelos adultos e que seja entregue onde a comunidade costuma devolver o seu dízimo, pois é uma maneira de criar vínculo entre a Pastoral do Dízimo e os catequizandos. O catequista não pode se esquecer de conversar com o padre e com os agentes da Pastoral do Dízimo, para buscar formar essa pastoral de conjunto.

- Depois, o catequista pedirá a cada um que abra o seu *Diário* e recorte a carteirinha de dizimista. Orientar que todos os meses o catequizando deverá levar a carteirinha e o seu dízimo até a Igreja ou mesa do dízimo e ali fazer a entrega da sua oferta. Mostrar a etiqueta e dizer que todas as vezes que o dízimo for devolvido, será colado aquele adesivo com o valor da contribuição.

- Na mesa do dízimo e/ou na secretaria da Pastoral do Dízimo deverá ter a etiqueta para ser colada na carteirinha do catequizando com o valor entregue, lembrando que o nosso dízimo é um tijolinho, ou seja, a nossa contribuição para a construção da Igreja de Cristo.

Conclusão: Desde o dia em que fomos batizados, passamos a fazer parte desta grande família, que é a Igreja Católica Apostólica Romana. Desde então, assumimos também a responsabilidade pela sua manutenção e obras de evangelização. Com o nosso gesto concreto, ser dizimistas, queremos nos comprometer cada vez mais com o anúncio do Evangelho.

Pedir para que durante a semana os catequizandos conversem com seus pais ou responsáveis sobre a importância de ser dizimista.

Oração final: O catequista convida os catequizandos a ficarem em pé ao redor da Mesa da Palavra. Depois, quando todos estiverem em silêncio, convidá-los a formular preces, pedindo pela Igreja, pelos missionários e por todos os dizimistas, além dos pedidos particulares que cada um traz no coração. Depois, prosseguindo as preces, convidá-los a rezarem juntos o Pai-Nosso e concluir com a oração:

> *Ó, Pai bondoso, mais uma vez aqui nos reunimos em teu nome. Queremos verdadeiramente assumir nossa responsabilidade na manutenção da tua Igreja. Dá-nos coragem e espírito de desprendimento, para partilharmos o pouco que temos. Por Cristo, nosso Senhor. Amém.*

No final da oração, o catequista impõe as mãos sobre a cabeça de cada catequizando e traça o sinal da cruz em sua fronte dizendo:

> *"N..., responsável pela Igreja de Cristo, vai em paz e que o Senhor te acompanhe!".*

Lembrete

O próximo encontro será a "celebração do pão". Enviar convite aos pais e à comunidade. Combinar, se achar conveniente, uma pequena confraternização ao final, partilhando bolos e refrigerante.

18º Encontro

Celebração do Pão

(É importante convidar toda a comunidade, os pais e padrinhos de Batismo de cada catequizando para a celebração.)

Palavra inicial: Esta celebração tem como objetivo aprofundar o sentido do pão como alimento do ser humano, sinal de comunhão e partilha. Deseja-se ainda promover uma integração entre catequese e comunidade.[6]

Preparando o ambiente: No centro do espaço celebrativo, uma grande toalha estendida no chão ou sobre algumas pilastras ou colunas de diversos tamanhos. Pães de vários tipos (pão de sal – francês –, pão doce, mini pão, pão de milho, pão duro, pão ázimo) e um grande pão que deverá ser partilhado no final (este deverá ficar no centro do espaço celebrativo).

Distribuindo funções: Seria importante também dividir algumas funções com antecedência:

* animador: para orientar as pessoas durante a celebração;
* catequizandos para entrar com os pães;
* presidente: de preferência o próprio catequista;
* pessoa para proclamar a leitura bíblica;
* pessoa para cantar o salmo;
* pessoa para fazer a Oração da Assembleia;
* cantores (*deverão escolher com antecedência os cantos*);
* ministros para acolhida (os próprios catequistas ou membros da comunidade).

Conforme os fiéis chegam e adentram o local da celebração, pode-se cantar um refrão meditativo. Quando todos já se encontrarem acomodados, o animador acolhe calorosamente a todos e os convida a ficarem de pé para iniciar a celebração com um canto.

Saudação inicial

Presidente: *Em nome do Pai e do Filho e do Espírito Santo. Amém.*

Que a graça e a Paz de nosso Deus Criador, de Jesus Cristo, nosso Senhor, e do Espírito Santo, nosso santificador, estejam convosco.

R: *Bendito seja Deus que nos reuniu no amor de Cristo.*

Presidente: *Queridos catequizandos, pais, padrinhos e comunidade, com esta celebração queremos refletir sobre o pão, alimento presente em tantas culturas e escolhido pelo próprio Jesus, para que seja sinal de sua presença em meio aos homens. Com esta celebração, queremos ainda meditar sobre o alimento que partilhamos em família e com os mais necessitados. Enfim, falar de pão é falar de trabalho, vida digna e fé. Façamos nosso momento de recordação da vida.*

Recordação da vida: Alguns catequizandos entram trazendo os diversos tipos de pães e colocando sobre a toalha ou colunas previamente preparadas. Enquanto cada tipo de pão entra, um leitor lê o texto:

Pão de sal (francês): *Recordamos, com este pão, todos os trabalhadores que lutam para dar vida digna às suas famílias.*

Pão doce: *Lembramos a doçura e o encanto da mulher. Recordamos, com este pão doce, todas as mulheres de nossa Igreja, que dão a vida pela nossa comunidade, sendo sinal de vida e doação.*

---

[6] Celebração adaptada da proposta de Vanildo Paiva, no livro: PAIVA, Vanildo. Catequese e Liturgia. Duas faces do mesmo mistério. 2. ed. São Paulo: Paulus, 2008.

Mini pão: *O mini pão nos faz lembrar das inúmeras famílias que vivem apenas com um salário mínimo, além de nos recordar as inúmeras pessoas desempregadas.*

Pão de milho: *Recordamos, com o pão de milho, o trabalhador rural e a mulher do campo, que batalham de sol a sol para que não falte o pão de cada dia em nossas casas.*

Pão duro: *Apresentamos o pão duro, sinal das pessoas que não sabem partilhar, que vivem isolados em seu egoísmo, não sabendo dividir o pão, as roupas, os brinquedos...*

Prato sem pão: *Recordamos também aqueles que nada têm em seus pratos. Aqueles que passam fome, frio, não têm remédios nem casa parar morar.*

Pão ázimo: *O pão escolhido por Jesus como sinal de sua presença no meio de nós. O pão ázimo torna-se, na Santa Missa, o Corpo de Cristo, dado em alimento a cada um de nós.*

Momento penitencial: *Diante de tantos tipos de pão, reflexo de nossa sociedade que trabalha e luta por um mundo melhor, com mais vida e dignidade, humildemente peçamos perdão a Deus por todas as vezes que não soubemos partilhar o pão de cada dia com nossos irmãos e irmãs:*

– Pelas vezes que não partilhamos o pão com os mais necessitados.

R.: *Perdão, Senhor, tende piedade de nós (ou cantando).*

– Pelas vezes que esbanjamos os alimentos, desperdiçando comida.

R.

– Pelas vezes que exploramos os trabalhadores, não pagando salários dignos.

R.

– Pelas vezes que julgamos nossos irmãos e irmãs.

R.

– Pelas vezes que não nos aproximamos da santa Eucaristia com o coração puro.

R.

– Pelas vezes que não testemunhamos Jesus Cristo e não fomos exemplo de Cristão.

R.

Presidente: Deus, todo-poderoso tenha compaixão de nós, perdoe os nossos pecados e nos conduza à vida eterna. Amém.

Presidente: *Oremos. Deus, Pai de bondade, que vos dignastes enviar vosso Filho como alimento a cada um de nós, ensinai-nos a sempre partilhar o pão de cada dia, para que este não falte na mesa dos nossos irmãos e irmãs. Amém.*

Podemos nos assentar para ouvir o que Deus tem a nos falar.

1º Leitura: *Atos 4,32-37.*

Salmo (104/103): *"Hino de louvor ao Deus que nos liberta e nos dá o pão de cada dia".*

R.: *Louvado seja o meu Senhor! Louvado seja o meu Senhor!*

Senhor, meu Deus, como és tão grande! Eu canto teu louvor, com alegria. Água boa tu derramas pelos campos, e dela bebem os animais todos os dias.

R.

E o homem tira dos campos o seu pão, seu coração fica feliz com o bom vinho. O alimento traz a força e a coragem. Obrigado! Tu nos tratas com carinho.

R.

Todos esperam de ti o alimento que, generoso, dás a todos com fartura. Abre tua mão e felizes ficaremos! Em ti, Senhor, espera toda criatura!

R.

Por toda vida ao Senhor eu vou cantar, por toda vida ao meu Deus, o meu louvor! Que o meu canto lhe seja sempre agradável, pois minh'alegria se encontra no Senhor!

R.

Aclamação ao Evangelho

Eu vim para escutar tua Palavra, tua Palavra, tua Palavra de amor!

Evangelho: Mc 14,12-16.22-26.

Reflexão: Em poucas palavras, mostrar o valor da Eucaristia, centro da nossa fé e alimento para nossa vida. Jesus se utiliza deste alimento tão comum de sua época para nos comunicar seu amor. Ele se dá em alimento sobre as espécies do Pão e do Vinho. O pão ázimo, feito de farinha de trigo e água, consagrado torna-se o Corpo de Cristo. Comungar o Pão Eucarístico é comungar o projeto de vida e de partilha instaurado por Jesus.

Porém, de nada adianta comungar do Corpo de Cristo se eu não O enxergo em meu irmão. O pão de cada dia é alimento do ser humano, fruto do trabalho, do esforço e da luta cotidiana; sinal de unidade e da comunhão entre as pessoas. Comungar do Cristo é partilhar nossos dons, é formar comunidade, é ser um só corpo. Sendo assim, é preciso partilhar, pois muitos não têm o pão e a dignidade necessários.

Jesus escolheu o pão para permanecer entre nós e nos alimentar com seu amor.

Logo após a reflexão, o presidente convida a todos a meditarem alguns instantes em silêncio. Depois, convida-os a ficarem de pé e elevarem a Deus preces e louvores.

Preces

Presidente: *Elevemos a Deus nossos louvores e pedidos comunitários:*

R: *Louvado seja nosso Deus, pelo pão da vida!*

- Senhor, nós te louvamos pelo pão que colocaste em nossa mesa a cada dia.

R.

- Senhor, nós te louvamos pelo pão do seu corpo, alimento para nossa Salvação.

R.

- Senhor, nós te louvamos pela nossa comunidade que partilha com alegria seus dons.

R.

- Senhor, dá-nos a coragem de não cruzar os braços diante de tanta desigualdade social.

R.

- Senhor, ensinai-nos a não desperdiçar e a dividir com alegria o pão de cada dia.

R.

(Outras preces e pedidos espontâneos.)

Presidente: *Prossigamos nossas preces rezando a oração que o Senhor nos ensinou. Pai nosso...*

Partilha: O presidente pega o pão grande no centro do espaço celebrativo e o parte ao meio. Entrega uma parte a um ministro ou catequista e, enquanto todos cantam, distribui-se um pedaço do pão a cada participante, pedindo que estes o segurem. Quando todos tiverem recebido o pão, o presidente da celebração convida a todos a erguerem o pedaço de pão e a repetirem a oração:

Senhor, Deus da vida, tu que nos sustentas com o alimento da terra e com o Pão que vem do Céu, permite que jamais nos falte o pão de cada dia e que saibamos sempre repartir com aqueles que nada têm. Amém!

(Em seguida, comem o pão em silêncio e o presidente conclui a celebração.)

Bênção final: *Que o Deus, que a todos alimenta com amor e carinho, esteja sempre convosco. Amém!*

Deus, nosso Pai criador, sempre nos abençoe e nos guarde! Amém!

Louvado seja nosso Senhor, Jesus Cristo!

R: *Para sempre seja louvado!*

Lembrete: É importante que esta celebração aconteça no dia em que a comunidade costuma se reunir para rezar, facilitando assim a sua participação.

Confraternização e partilha: Ao final da celebração, poderá ser realizada uma pequena confraternização ou partilha, onde cada participante trará um prato de bolo, doce ou salgado, ou ainda refrigerante ou suco, e todos partilharão uns com os outros, promovendo um espaço de integração, diálogo e convivência.

19º Encontro — Perdoai-nos as nossas ofensas

Palavra inicial: Amados catequistas, no encontro de hoje queremos refletir com os catequizandos o pedido ao Pai para que perdoe nossas ofensas, ou seja, que nos perdoe por não respondermos ao seu amor, por não vivermos os seus mandamentos. De modo especial, queremos meditar sobre os dez mandamentos.

Preparar o ambiente: Ambão com toalha da cor do Tempo Litúrgico, vela e flores. Cartaz grande com os dez mandamentos escritos e outro cartaz apenas com a numeração de 1 a 10. Tiras de papel com cada mandamento escrito separadamente, sem o número que identifique a sua ordem. Folha impressa com os dez mandamentos para ser entregue a cada catequizando.

Acolhida: O catequista acolhe os catequizandos saudando-os com a frase: "*Deus sempre nos perdoa, N... Seja bem-vindo!*" e os conduz para dentro da sala. Quando já estiverem na sala, saúda a todos mais uma vez, desejando-lhes boas-vindas.

Recordação da vida: Ao redor da Mesa da Partilha ou da Mesa da Palavra, o catequista motiva os catequizandos a fazerem um momento de recordação da vida, destacando fatos e acontecimentos que marcaram a vida da comunidade. Poderão partilhar como foi a participação na "celebração do pão" e o que aprenderam com ela.

NA MESA DA PALAVRA

Oração inicial: Após a recordação da vida, o catequista inicia a oração, de maneira bem espontânea, invocando o Espírito Santo rezando ou cantando.

Ainda em clima de oração, o catequista convida a todos a aclamarem o Evangelho. O catequizando dirige-se até o ambão, de onde proclama o texto bíblico.

Leitura do texto bíblico: Mc 11,24-25.

Depois de um momento de silêncio, o catequista lê o texto novamente, bem devagar, destacando alguns pontos.

> "*...perdoai, se por acaso tiverdes alguma coisa contra alguém, para que também vosso Pai que está no céu vos perdoe os pecados*".

Todos se dirigem para a Mesa da Partilha.

NA MESA DA PARTILHA

Ao redor da Mesa da Partilha, os catequizandos reconstroem o texto bíblico. Depois, pedir aos catequizandos para abrirem suas Bíblias na passagem proclamada na Mesa da Palavra e convidá-los a uma leitura silenciosa, observando algum detalhe não comentado na reconstrução do texto. Se houver algo, todos podem partilhar.

O catequista, então, conversa com os catequizandos dizendo que na Bíblia o pecado pode ser entendido de diversas formas: rebeldia contra Deus, desviar de seus caminhos e se afastar de sua presença, desobediência, infidelidade à sua aliança, recusa do seu amor. Na oração do Pai-Nosso, porém, considera-se pecado como uma "dívida", um vazio, uma falta de resposta ao dom imenso de Deus. O grande pecado da humanidade é a falta de resposta ao seu amor de Pai. Estamos em dívida com Deus.

Para Jesus o verdadeiro pecado é a omissão. No último dia seremos julgados não pelo mal que tenhamos praticado, mas pelo que deixamos de fazer aos famintos, pobres, enfermos, estrangeiros, encarcerados, abandonados e excluídos. "Em verdade, vos digo todas as vezes que não fizestes isso a um desses pequeninos, foi a mim que o deixastes de fazer" (Mt 25,45).

O pecado, portanto, não é só transgressão a uma lei, é muito mais, é deixar de responder ao projeto de amor e salvação que Deus tem para cada um de nós. É uma ofensa pessoal a um Pai do qual tudo recebemos e que espera que nos amemos como verdadeiros irmãos.

Nosso pedido de perdão só é possível se reconhecemos nosso pecado e nossa dívida. Todos somos pecadores, e Deus conhece o coração de cada um de nós e nos perdoa sempre. Porém, é preciso que olhemos para dentro de nós, que nos examinemo-nos e reconheçamos que somos pecadores. Assim como os doentes são os que precisam de médico, os pecadores são os que precisam de Deus.

Quando reconhecemos ser pecadores, quando nos arrependemos, nasce em nós um pedido, uma súplica: perdoa-nos. O arrependimento é fundamental para que esse pedido seja sincero e de coração. É preciso reconhecer que somos pequenos, fracos e pecadores.

Deus nos dá os mandamentos e as leis. Não para oprimir o homem, mas para ajudá-lo a viver em plenitude. As leis são para o bem do ser humano.

Deus dá a Moisés, no alto da montanha, dez mandamentos que, ao serem cumpridos, nos darão felicidade e vida longa ao ser humano.

O catequista poderá perguntar aos catequizandos se eles sabem quais são estes mandamentos. Deixar que falem.

Depois, apresentar o primeiro cartaz com os dez mandamentos impressos.

1º Amar a Deus sobre todas as coisas.

2º Não tomar seu santo nome em vão.

3º Guardar domingos e festas de guarda.

4º Honrar pai e mãe.

5º Não matar.

6º Não pecar contra a castidade.

7º Não furtar.

8º Não levantar falso testemunho.

9º Não desejar a mulher do próximo.

10º Não cobiçar as coisas alheias.

O catequista, então, poderá explicar brevemente cada um dos mandamentos (aprofundar estudo nos números 2052 a 2557 do *Catecismo da Igreja Católica*).

Dinâmica: O catequista poderá espalhar na mesa, de cabeça para baixo, tiras com cada um dos dez mandamentos escritos separadamente. Pedir para que dez catequizandos peguem um papel cada um. Depois, disponibilizar o cartaz apenas com os números de 1 a 10 e pedir para que cada catequizando, com a ajuda dos demais colegas, cole o mandamento equivalente ao número, colocando-os, assim, na ordem. Depois de colarem, o catequista poderá distribuir impresso em uma pequena folha os dez mandamentos, para que estes colem no seu *Diário* e os meditem para colocarem em prática.

Conclusão: O catequista conclui dizendo que é preciso responder ao amor de Deus e ao seu projeto de salvação, vivendo os mandamentos e amando os nossos irmãos. O próprio Jesus resumiu os dez mandamentos: amar a Deus sobre todas as coisas e ao próximo como a si mesmo. Não basta amar a Deus se não amamos o nosso irmão.

Poderá motivá-los para um canto penitencial, onde todos poderão pensar nos seus erros e reconhecer que são pecadores e precisam da misericórdia de Deus.

Oração final: Ao redor da Mesa da Palavra, o catequista motiva os catequizandos a formularem orações e preces a Deus Pai. Depois, o catequista os convida a concluir com o Pai-Nosso e com a oração:

> *Deus de bondade, que conhece o coração de cada um de nós, ajuda-nos a amar o nosso irmão, respeitando e aceitando suas limitações. Que saibamos responder SIM ao teu projeto de amor. Por Cristo, nosso Senhor. Amém*

No final da oração, o catequista impõe as mãos sobre a cabeça de cada catequizando e traça o sinal da cruz em sua fronte dizendo:

> *"Deus conhece nosso coração, N..., e nos perdoa. Vai em paz e que o Senhor te acompanhe!"*.

MATERIAL DE APOIO
- Aprofundar o tema nos parágrafos 2838 a 2841 do *Catecismo da Igreja Católica* (CIC).

Assim como nós perdoamos a quem nos tem ofendido

Palavra inicial: Neste encontro, iremos refletir que, como cristãos, não podemos adotar posturas diferentes: uma diante de Deus para pedir o perdão e outra diante do nosso irmão, recusando-lhe o perdão.

Preparar o ambiente: Ambão com toalha da cor do Tempo Litúrgico, Bíblia, vela e flores.

Acolhida: O catequista acolhe os catequizandos, saudando-os com a frase: "*Perdoai vossos inimigos, N... Seja bem-vindo!*" e os conduz para dentro da sala.

Recordação da vida: Ao redor da Mesa da Partilha ou da Mesa da Palavra, os catequizandos farão uma retrospectiva da semana, e o catequista poderá perguntar sobre o encontro anterior, pedindo para que relembrem quais são os dez mandamentos. Podem destacar os acontecimentos importantes que possam ter ocorrido na vida da comunidade.

NA MESA DA PALAVRA

Oração inicial: Colocando no coração de Deus todos os elementos trazidos durante a recordação da vida, o catequista inicia a oração invocando o Espírito Santo e pedindo para que Deus derrame o seu amor no coração de cada catequizando e os ajude a perdoar os que ofenderam.

Um catequizando dirige-se até o ambão, de onde proclama o texto bíblico. Antes, porém, todos poderão cantar, aclamando o Santo Evangelho.

Leitura do texto bíblico: Mt 6,14-15.

Depois de um momento de silêncio, o catequista lê o texto novamente, bem devagar, destacando alguns pontos.

> "*Porque, se perdoardes as ofensas dos outros, vosso Pai celeste também vos perdoará. Mas, se não perdoardes aos outros, vosso Pai também não vos perdoará as ofensas.*"

Todos se dirigem para a Mesa da Partilha.

NA MESA DA PARTILHA

Deixar que os catequizandos falem o que cada um entendeu sobre o texto. Depois, pedir para abrirem suas Bíblias na passagem proclamada na Mesa da Palavra e convidá-los a uma leitura silenciosa, observando algum detalhe não comentado na reconstrução do texto.

O perdão de Deus aparece vinculado ao perdão que nós concedemos aos irmãos. Mas como entender esta relação? Temos que ter claro que nosso perdão não é condição indispensável para receber o perdão de Deus; pelo contrário, o perdão ao nossos irmãos é consequência ou fruto do perdão que recebemos de Deus.

Claro que Jesus advertiu que para receber o perdão de Deus é preciso que perdoemos nossos irmãos e insiste nisso, como nos mostram várias passagens da Escritura: Mc 11,25; Lc 6,37; Mt 11,25; Mt 5,23-24. Tudo isso pode nos induzir ao erro. Nosso perdão ao irmão não é algo prévio que devemos fazer para merecer o perdão do Pai. O perdão de Deus é absolutamente gratuito, sem merecimento algum de nossa parte.

É o perdão e a misericórdia de Deus que suscitam em nós a capacidade de perdoar e de reproduzir para com os irmãos a mesma atitude que o Pai tem conosco. Assim, entendemos as exortações entre os primeiros cristãos: "sede bondosos e compassivos, uns para com os outros, perdoando-vos mutuamente, como Deus vos perdoou em Cristo" (Ef 4,32), ou ainda Cl 3,13.

Rezar o Pai-Nosso é ter a consciência de que Deus já ofereceu em Cristo gratuitamente o seu perdão total. Mas só é possível acolher o perdão de Deus abrindo-nos a esse amor misericordioso, criando em nós a mesma atitude. Quem aceita o perdão do Pai se transforma e vive perdoando. "Até setenta vezes sete" (Mt 18,22). Ao contrário, quem não se transformou abrindo-se ao amor e guarda rancor continua a pedir conta dos outros. Nossa oração não pode ser hipócrita. Não podemos ser desumanos e resistir a perdoar, precisamente quando estamos invocando para nós a misericórdia do Pai.

Sendo assim, nosso perdão não precede o perdão de Deus, mas o nosso pedido de perdão. Nosso perdão não é uma condição para que Deus nos perdoe, mas para que nosso pedido seja sincero. Se podemos dizer "como nós perdoamos...", é porque já recebemos o perdão de Deus. É porque fomos perdoados pelo Pai que podemos perdoar os irmãos, e porque podemos perdoar os irmãos nos é permitido implorar a Deus sinceramente seu perdão definitivo.

Conclusão: O catequista poderá perguntar aos catequizandos se eles já fizeram a experiência do perdão, de pedir e de conceder o perdão a alguém que os tenha magoado. Deixar que partilhem suas histórias. Depois, concluir dizendo que não podemos guardar sentimento de vingança. Por mais difícil que seja, é preciso se abrir ao perdão. Perdoar não significa voltar a ter a mesma amizade que antes, pois leva tempo para curar as feridas abertas em nós. Perdoar é não desejar o mal ao outro, abrir-se à graça de Deus e pedir, em um segundo momento, para que Ele nos cure e liberte da mágoa e do ressentimento que possam ter ficado após o perdão.

Oração final: O catequista convida a todos a se colocarem ao redor da Mesa da Palavra, de onde estimula os catequizandos a louvarem a Deus por seu perdão e misericórdia concedidos a nós diariamente. No final, rezar o Pai-Nosso e concluir com a oração:

> *Senhor, em um mundo que muitas vezes desconhece o teu amor, ajuda-nos no compromisso de transmiti-lo a outras pessoas, perdoando-nos mutuamente, assim como tu nos perdoaste. Por Cristo, nosso Senhor. Amém!*

No final da oração, o catequista impõe as mãos sobre a cabeça de cada catequizando e traça o sinal da cruz em sua fronte dizendo:

> *"N..., como Deus te perdoou, perdoa também o teu irmão. Vai em paz e que o Senhor te acompanhe! Amém".*

MATERIAL DE APOIO
- Aprofundar o tema nos parágrafos 2842 a 2845 do *Catecismo da Igreja Católica* (CIC).

Deus nos perdoa sempre!

Palavra inicial: No encontro de hoje queremos refletir com nossos catequizandos que Deus nos perdoa de maneira incondicional. Deus nuncase afasta de nós, pelo contrário, com o pecado, nos afastamos de Deus. "Deus detesta o pecado, mas ama o pecador".

Preparar o ambiente: Ambão com toalha da cor do tempo litúrgico, Bíblia, vela e flores.

Acolhida: O catequista Acolhe os catequizandos saudando-os carinhosamente com a frase: "Deus sempre nos perdoa ...N..., seja bem vindo!". Quando todos estiverem na sala, saúda a todos mais uma vez, desejando-lhes boas vindas.

Recordação da vida: Após serem acolhidos, ao redor da mesa da partilha ou da mesa da Palavra, convida-os a fazer uma retrospectiva da semana, bem como recordar o encontro anterior, pedindo para que partilhem o que cada um experienciou. Poderão destacar ainda, os acontecimentos importantes que possam ter ocorrido na vida da comunidade.

NA MESA DA PALAVRA

Oração inicial: O catequista motiva um momento de oração, criando um clima de espiritualidade para o início do encontro e para a proclamação da Palavra. Poderá ser invocado o Espírito Santo, cantando ou rezando.

O catequista convida a todos a cantarem aclamando o Santo Evangelho. Em seguida, um catequizando dirige-se até o ambão, de onde proclama o texto bíblico.

Leitura do texto bíblico: Mt 18,21-35

Depois de um momento de silêncio, o catequista lê o texto novamente, bem devagar, destacando alguns pontos.

> "...quantas vezes devo perdoar ao irmão que pecar contra mim? [...] mas setenta e sete vezes."

Todos se dirigem para a Mesa da Partilha.

NA MESA DA PARTILHA

O catequista pede para os catequizandos falarem sobre o que entenderam da passagem bíblica deste encontro. Quem eram os personagens, o que faziam, quem devia muito, quem foi perdoado. Depois, pedir aos catequizandos para abrirem suas Bíblias na passagem proclamada na Mesa da Palavra e convidá-los a uma leitura silenciosa, observando algum detalhe não comentado na reconstrução do texto. Se houver algo, todos podem partilhar.

Retomamos, aqui, um pouco do que foi refletido no encontro passado, lembrando que Deus é o rei de quem fala a parábola, que diante do arrependimento dos seus filhos, está sempre pronto a perdoar nossas faltas. Deus está sempre de braços abertos a nos acolher. Porém, este amor que Deus tem para conosco deve transformar nosso coração. Olhando o exemplo e o carinho que Deus tem para conosco, devemos refleti-lo com os irmãos, principalmente os que mais nos magoaram e nos machucaram.

Na parábola do devedor cruel (Mt 18,21-35), o servo é perdoado pelo seu senhor, sem merecimento, de uma grande quantia (dez mil talentos). Mas seu pedido não foi sincero, seu coração não se abriu à compaixão e quando encontra o companheiro que lhe devia bem menos (cem denários), ele não o perdoa. E o senhor declarou: "Não devias também tu ter compaixão do teu companheiro como eu tive de ti?" (Mt 18,33). O perdão do senhor fica, então, anulado.

Se o nosso pedido de perdão a Deus não é sincero, o perdão que Deus nos dá não penetra em nosso coração e não terá validade para nós. Só acolhemos o perdão de Deus com sincero arrependimento e reconhecimento de que sem Deus não somos nada.

Assim como Deus nos perdoa infinitamente, também devemos perdoar nossos irmãos. O "setenta vezes sete" é um número simbólico que significa "plenitude" ilimitada. É preciso perdoar sempre. A parábola mostra a gratuidade do perdão.

O catequista poderá convidar os catequizandos a se colocarem em uma posição confortável para um breve momento de oração silenciosa e reflexão.

Conclusão: O catequista comenta que a iniciativa da reconciliação vem de Deus. Ele sempre dá o primeiro passo ao nosso encontro. A Igreja e os cristãos devem ser os construtores da paz no mundo; devem criar um clima de reconciliação, perdão, encontro, fraternidade em todos os setores e todos os níveis, desde o internacional até às pequenas relações de vizinhança e trabalho, entre pobres e ricos, entre colegas de escola etc. O perdão é o primeiro passo para romper a cadeia do ódio.

Como gesto concreto, somos convidado a lembrar de uma pessoa a quem magoamos ou que nos magoou e tomar a decisão de ir ao seu encontro e pedir e dar o perdão. Será um autêntico gesto cristão e uma prova de que estamos abertos ao amor que Deus tem por cada um de nós. Chegar em casa e abraçar e beijar os pais ou responsáveis, principalmente se não os temos valorizado e obedecido.

Oração final: O catequista convida a todos a se colocarem ao redor da Mesa da Palavra e os orienta a ficarem um tempo em silêncio, pedindo a graça e a coragem do perdão. Depois, incentiva-os a formularem preces e louvarem por suas vidas e por suas famílias. Conclui com o Pai-Nosso e com a oração:

> *Deus, nosso Pai, que enviaste o Espírito Santo santificador sobre cada um de nós, fortalece-nos na missão e no seguimento de tua Palavra, fazendo-nos templos vivos de amor a todos que nos forem confiados. Por Cristo, nosso Senhor. Amém.*

No final da oração, o catequista impõe as mãos sobre a cabeça de cada catequizando e traça o sinal da cruz em sua fronte dizendo:

> *"Perdoa teus irmãos, N... Vai em paz, o Senhor está contigo!".*

22º Encontro — Os Sacramentos da Igreja

Palavra inicial: Prezado catequista, hoje iremos refletir sobre os sete Sacramentos da Igreja, sinal da presença de Cristo em nosso meio. De modo especial, vamos aprofundar nossa reflexão sobre o Sacramento da Penitência, preparando nossos catequizandos para sua primeira confissão.

Preparar o ambiente: Ambão com toalha da cor do Tempo Litúrgico, vela, flores e sete velas, cada uma com um dos sete Sacramentos da Igreja escrito.

Acolhida: À medida que os catequizandos vão chegando, o catequista os acolhe, saudando-os com a frase: "*A Igreja é Sacramento de Cristo, N... Seja bem-vindo!*" e convidando-os a entrar para o local do encontro.

Recordação da vida: Ao redor da Mesa da Partilha ou da Mesa da Palavra, o catequista motiva os catequizandos a fazerem um momento de recordação da vida, onde cada um lembrará fatos e acontecimentos que marcaram a sua vida, de suas famílias, comunidade e da sociedade.

NA MESA DA PALAVRA

Oração inicial: Após o momento de recordação da vida, o catequista inicia um momento de oração, pedindo o Espírito Santo sobre todos os catequizandos e sobre toda a Igreja.

Ainda em espírito de oração, um catequizando dirige-se até o ambão, de onde proclama o texto bíblico. Depois de um momento de silêncio, o catequista lê o texto novamente, bem devagar, destacando alguns pontos.

Leitura do texto bíblico: Cl 1,12-23.

> "*...seu Filho amado, no qual temos a libertação: o perdão dos pecados. Ele é imagem do Deus invisível, o primogênito de toda a criatura. [...] Ele é a cabeça do corpo, que é a Igreja...*"

Todos se dirigem para a Mesa da Partilha.

NA MESA DA PARTILHA

Ao redor da Mesa da Partilha, incentivar os catequizandos a reconstruírem o texto bíblico. Depois, pedir aos catequizandos para abrirem suas Bíblias na passagem proclamada na Mesa da Palavra e convidá-los a uma leitura silenciosa, observando algum detalhe não comentado na reconstrução do texto. Se houver algo, todos podem partilhar.

Deus tem um projeto de salvação para o homem, quer reconduzi-lo de volta à sua presença, como já vimos nos encontros anteriores. Deus, então, para cumprir seu projeto, envia seu Filho único à Terra. Este encarna-se e nasce do seio de uma mulher. Jesus se torna Sacramento da presença de Cristo, ou seja, torna-se, na Terra, presença visível do Deus invisível. Jesus é o Sacramento de Deus: Nele, Deus fez-se presença pessoal no nosso meio. Assim, Cristo é o Sacramento primordial de Deus, Ele que é verdadeiro Deus e verdadeiro homem.

Jesus, então, é Sacramento do Pai. Ele entrou uma só vez na nossa história, no nosso mundo, no nosso tempo. Mas Ele veio para todos, em todos os tempos, e deseja se tornar presente a todo instante e estar bem perto de todos os corações. Seu desejo é entrar em contato conosco e que nós entremos em contato com Ele, com sua Palavra Santa e com sua vida divina. Por isso Ele fundou a Igreja! Ela é Sacramento (sinal eficaz, real) da presença de Cristo no mundo; Jesus, quando volta para Deus, deixa a continuação de sua missão à Igreja, homens e mulheres com a missão de levar a sua Boa Nova a todos os povos, fazendo-o conhecido. Assim, a Igreja se torna Sacramento da presença de Jesus no Mundo. A Igreja vive de Cristo. Na sua ressurreição, Ele derramou sobre sua Igreja o seu Espírito Santo – o mesmo Espírito com o qual o Pai o ressuscitou dos mortos. Assim, a Igreja vive do Espírito de Cristo e no Espírito de Cristo... como o corpo, que vive da vida da cabeça, como os ramos que vivem da seiva do tronco: "Ele é a Cabeça da Igreja, que é seu corpo" (Cl 1,18).

Cristo confia à sua Igreja sete Sacramentos visíveis da sua presença, da sua graça, por meio dos quais nos é dispensada a vida divina. Os ritos visíveis sob os quais os Sacramentos são celebrados significam e realizam as graças próprias de cada Sacramento. Produzem fruto naqueles que os recebem.

A Igreja, então, é Sacramento de Cristo, sinal de sua presença, e através de sete ritos distribui a cada fiel a graça de Deus. Os sete Sacramentos atingem todas as etapas e todos os momentos importantes da vida do cristão.

Sabemos quais são os sete Sacramentos?

O catequista coloca sobre a mesa as sete velas com o nome dos Sacramentos e, à medida que os catequizandos forem falando quais são os sete Sacramentos, o catequista irá acendendo cada uma das velas: Batismo, Confirmação, Eucaristia, Penitência, Unção dos Enfermos, Ordem e Matrimônio.

O catequista explica que neste encontro irão conhecer um pouco mais o Sacramento da Penitência e na quarta etapa de catequese irão aprofundar no conhecimento dos demais Sacramentos.

O Sacramento da Penitência, chamado também de Sacramento da Reconciliação, da Conversão ou da Confissão, é um dos Sacramentos de Cura da Igreja. O ser humano, em sua caminhada terrestre, está sujeito aos sofrimentos, à doença, à morte e ao pecado. Cristo, médico de nossas almas e de nossos corpos, que remiu os pecados, quis que sua Igreja continuasse, na força do Espírito Santo, sua obra de cura e salvação, também junto de seus próprios membros. O Sacramento da Reconciliação tem, portanto, essa finalidade.

Pecar significa errar o caminho. Quando pecamos nos distanciamos de Deus, saímos da estrada que nos conduz até Cristo. O pecado fere a honra de Deus e seu amor, fere a própria dignidade de homem chamado a ser filho de Deus e a saúde espiritual da Igreja da qual cada Cristão é pedra viva. Quando pecamos, viramos as costas ao projeto que Deus tem para nós.

Mas Deus, que é amor e misericórdia, sempre nos dá uma nova chance de retornar, de voltar ao caminho que nos leva até Ele. Este movimento de volta é chamado de arrependimento e conversão, sentimento que provoca uma verdadeira aversão aos pecados cometidos e o firme propósito de não mais pecar no futuro. A conversão atinge, portanto, o passado e o futuro; nutre-se da esperança na misericórdia de Deus.

O Sacramento da Reconciliação é constituído de três atos do penitente:
1. Arrependimento: o pecador deve se arrepender e fazer o firme propósito de mudança.
2. Confissão: o penitente deve procurar o sacerdote para se confessar ou manifestar os pecados cometidos.

3. Cumprimento da penitência: aquele que se reconciliou deve fazer o propósito de cumprir a penitência e as obras de reparação solicitadas pelo confessor para reparar o prejuízo causado pelo pecado e restabelecer os hábitos próprios dos discípulos de Cristo.

O Sacramento da Reconciliação é, por fim, constituído pela absolvição do sacerdote, que de mãos estendidas sobre a cabeça do penitente diz:

> *"Deus, Pai de misericórdia,*
> *Que, pela morte e ressurreição de seu Filho,*
> *reconciliou o mundo consigo*
> *e enviou o Espírito Santo para remissão dos pecados,*
> *conceda-te, pelo ministério da Igreja,*
> *o perdão e a paz.*
> *Eu te absolvo dos teus pecados*
> *em nome do Pai, do Filho e do Espírito Santo."*
> *E o penitente responde: "Amém".*

Antes ou depois da confissão, o penitente pode expressar o arrependimento e fazer o propósito de não mais pecar através do Ato de Contrição. Não é preciso seguir uma fórmula, basta que seja sincero e de coração. Alguns exemplos de Ato de Contrição:

> *"Ó, meu Jesus, que morreste na cruz para nos salvar. Eu me arrependo dos meus pecados e prometo não mais pecar. Amém."*
> *"Meu Deus, porque sois tão bom, arrependo-me por Vos ter ofendido.*
> *Ajudai-me a não tornar a pecar."*

O Catecismo da Igreja Católica nos ensina que os efeitos espirituais do Sacramento da Penitência são:

- a reconciliação com Deus, pela qual o penitente recobra a graça;
- a reconciliação com a Igreja;
- a remissão da pena eterna devida aos pecados mortais;
- a remissão, pelo menos em parte, das penas temporais, sequelas do pecado;
- a paz e a serenidade da consciência e a consolação espiritual;
- o acréscimo de forças espirituais para combate cristão.

Enfim, o Sacramento da Reconciliação nos reconcilia com Deus, com a Igreja, com o nosso próximo e com toda a criação. Deus é Pai que está sempre de braços abertos a acolher os seus filhos arrependidos.

Conclusão: O catequista encerra dizendo que os Sacramentos são como as sete velas sobre a mesa, iluminam nossa vida, aquecem nosso coração e nos fazem consumir, doar a vida pela Igreja, pelo Evangelho.

O catequista lembra que nas próximas semanas os catequizandos irão participar do Sacramento da Reconciliação pela primeira vez, onde terão a oportunidade de confessar os pecados ao padre e assim receber a absolvição, reconciliando-se com Deus e com a Igreja.

Lembrar-lhes que no próximo encontro, juntamente com os pais ou responsáveis, será preparada a Celebração Penitencial, para o que é muito importante a presença de todos para ajudar.

Oração final: O catequista convida a todos a se colocarem ao redor da Mesa da Palavra, onde estimula os catequizandos a formularem preces e orações pela Igreja do mundo todo, principalmente pelos pecados cometidos pela humanidade. Convida-os a rezar a oração do Pai-Nosso e conclui com a oração:

> *Deus, nosso Pai misericordioso, que sempre está de braços abertos ao pecador arrependido, pedimos humildemente a tua força para nunca nos desviarmos dos teus caminhos. Por Cristo, nosso Senhor. Amém.*

No final da oração, o catequista impõe as mãos sobre a cabeça de cada catequizando e traça o sinal da cruz em sua fronte dizendo:

> *"Confiai sempre na misericórdia de Deus, N... Vai em paz e que o Senhor te acompanhe!".*

MATERIAL DE APOIO

- Aprofundar o tema nos parágrafos 1420 a 1498 do Catecismo da Igreja Católica (CIC).

Livros:

Ritual da Penitência. São Paulo: Paulus, 1999.
BORTOLINI, J. Os Sacramentos em sua vida. São Paulo: Paulus, 1997.
CNBB. Deixar-vos Reconciliar. Estudos da CNBB 96. Brasília: Ed. CNBB, 2008.

Lembrete e Sugestão

No próximo encontro iremos preparar, juntamente com os catequizandos e seus pais ou responsáveis, a Celebração Penitencial. É um oportuno momento de catequizá-los e fazê-los descobrir a riqueza do Sacramento da Reconciliação. Prepare com zelo e com a ajuda da equipe de liturgia e outras lideranças uma bonita e bem organizada reunião.

Para facilitar a presença dos pais, o catequista pode mudar o dia do encontro, agendando previamente dia e horário que propiciem a participação de todos. No dia da celebração, os pais, bem como toda a comunidade, podem ser convidados também a se aproximar desse Sacramento.

Observação

Lembramos que só podem se aproximar ao Sacramento da Penitência os catequizandos que já foram batizados. Se na turma de catequese tiver algum catequizando não batizado, orientar que poderão participar da celebração, mas que só poderão se confessar depois de se batizarem.

O Sacramento da Reconciliação
Reunião com os pais ou responsáveis
(Encontro a ser realizado na semana que antecede a Celebração da Penitência.)

Palavra inicial: Prezados catequistas, nesta reunião queremos, juntamente com os catequizandos, seus pais ou responsáveis e a Pastoral Litúrgica, preparar o ritual da celebração do Sacramento da Penitência. É uma oportunidade para evangelizar os pais, bem como apresentar-lhes a riqueza da Reconciliação.

Preparando o ambiente: Ao preparar o espaço para a reunião, sugere-se considerar que possibilite uma boa acomodação para todos os participantes. Nesta sala providenciar: ambão com toalha roxa, Bíblia, vela e flores. Folhas com o ritual da celebração da Penitência.

Acolhida: O catequista acolhe os pais e responsáveis, dando-lhes boas-vindas e explicando o motivo da reunião. Logo após, convida a todos a ficarem de pé e fazerem uma breve oração.

NA MESA DA PALAVRA

Oração inicial: Pode-se invocar o Espírito Santo com a oração "Vinde, Espírito Santo, enchei...", fazer a leitura do texto bíblico e uma breve meditação ou leitura orante do texto.

Orientações para a reunião:

- Agradecer mais uma vez a presença dos pais e responsáveis e pedir para que se apresentem.
- Introduzir com uma breve explicação sobre o que são os Sacramentos da Igreja e de modo especial o Sacramento da Reconciliação (importância e necessidade na vida do cristão).
- O catequista faz também uma reflexão sobre a importância e o significado desta celebração para os catequizandos da terceira etapa, desvinculando-a do Sacramento da Eucaristia (não confessamos apenas para "comungar", mas para nos reconciliar com Deus e a Igreja, e a Comunhão é consequência da reconciliação).
- Depois, distribuir o roteiro da celebração e explicar passo a passo todo o desenrolar dos ritos, bem como falar dos quatro atos que constituem o Sacramento: três atos do penitente (arrependimento, confissão e propósito de cumprir a penitência) e da absolvição dada pelo sacerdote.
- Orientá-los sobre a importância de se confessar, pelo menos uma vez ao ano, de modo especial para as grandes festas da Igreja: Natal e Páscoa.
- Convidar também os pais e responsáveis a se aproximarem deste Sacramento, levando-os a meditar há quanto tempo não se confessam.
- Poderá distribuir algumas funções como leitores dos textos bíblicos, oração da assembleia.
- Orientar para que as fotos sejam discretas e não atrapalhem a participação da assembleia.
- Hora e local, chegar com antecedência.
- Esclarecer, se necessário, as dúvidas e concluir a reunião.

Oração final: O catequista convida a todos a rezar a oração do Pai-Nosso e logo depois, de braços abertos, conclui com a oração:

> *Deus, Pai de misericórdia, faz que estes catequizandos, pais e responsáveis possam sempre se aproximar de Ti com o coração sincero e arrependido. Que como família, saibam amar e viver os teus mandamentos e em Ti encontrem consolo, alegria e esperança. Por Cristo, nosso Senhor. Amém.*
> *Ide em paz, que o Senhor vos acompanhe!*

24º Encontro
Celebração da Reconciliação
(Ritual da Penitência)

Palavra inicial: A presente Celebração Penitencial segue o rito proposto pelo Ritual da Penitência, no capítulo II (Rito para a reconciliação de vários penitentes com confissão e absolvição individuais). Queremos, com a celebração deste sacramento, fazer com que os nossos catequizandos façam sua primeira "confissão", despertando assim para a necessidade do arrependimento e reconciliação com Deus e com os irmãos e irmãs. A partir deste rito, todos os catequizandos poderão sempre que julgar necessário ou ao menos uma vez ao ano se aproximar do Sacramento da Penitência. Se oportuno, os pais e padrinhos também poderão se confessar.

Preparando o ambiente: Ambão com toalha roxa, Bíblia, Ritual da Penitência e velas. No centro ou em lugar de destaque, uma bacia grande com água e tolha branca, ao lado uma cruz com um tecido roxo e uma vela. Local para os padres atenderem as confissões individuais.

Os cantos sugeridos estão no livro: KOLLING, I. M. T. Cantos e Orações. Para a liturgia da missa, celebrações e encontros. 4. Ed. Petrópolis: Vozes, 2004.

Distribuindo funções: seria importante, também, dividir algumas funções com antecedência:

* Animador: para orientar as pessoas durante a celebração.
* Presidente: o pároco ou outro Padre que possa presidir a celebração.
* Pessoa para proclamar a leitura bíblica.
* Pessoa para cantar o salmo.
* Pessoa para fazer a oração da assembleia.
* Cantores: ensaiar os cantos.
* Ministros para acolhida; (os próprios catequistas ou membros da comunidade).
* Se forem muitos catequizandos, convidar mais sacerdotes para ajudar nas confissões.

Conforme os fiéis vão chegando no local da celebração, pode-se cantar um refrão meditativo para criar um clima de oração. Como sugestão: "Confiemo-nos ao Senhor" – Taizé. In Kolling, 2004, n. 1459c, p. 317.

Quando todos já se encontrarem acomodados, o animador acolhe calorosamente a todos e os convida a ficar de pé e iniciar a celebração. Uma munição (comentário) poderá ser preparada.

Canto: "Senhor, eis aqui" – José Raimundo Galvão. In Kolling, 2004, n. 1459j, p. 318.

Saudação inicial

(Terminado o canto, o sacerdote saúda a todos os presentes, dizendo:)

Presidente: Estejam convosco a graça e a paz de Deus Pai e de Jesus Cristo, que nos amou e lavou nossos pecados com o seu sangue.

R: *A Ele louvor e glória para sempre.*

Presidente: *Irmãos, peçamos a Deus, que nos chama à conversão, a graça de uma frutuosa e verdadeira penitência.*

Deus todo-poderoso e cheio de misericórdia, vós nos reunistes em nome de vosso Filho para alcançarmos misericórdia e sermos socorridos em tempo oportuno. Abri os nossos olhos para vermos o mal que praticamos, e tocai os nossos corações para que nos convertamos a vós sinceramente. Que vosso amor reconduza à unidade aqueles que o pecado dividiu e dispersou; que vosso poder cure e fortaleça os que em sua fragilidade foram feridos; que vosso espírito renove para a vida os que foram vencidos pela morte. Restabelecido em nós vosso amor, brilhe em nossas obras a imagem de vosso Filho para que todos, iluminados pela caridade de Cristo, que resplandece na face da Igreja, reconheçam como vosso enviado Jesus Cristo, vosso Filho, nosso Senhor.

R. *Amém.*

CELEBRAÇÃO DA PALAVRA DE DEUS

Primeira leitura: Efésios 4,23-32.

Salmo Responsorial: Sl 129 (pode ser cantado)

Evangelho: Mateus 22,34-40.

Homilia

(Segue-se a homilia, inspirada no texto das leituras, levando os penitentes ao exame de consciência e à renovação de vida.)

Exame de consciência

É aconselhável observar um tempo de silêncio para se realizar o exame de consciência e despertar a verdadeira contrição dos pecados. O sacerdote, o diácono ou outro ministro podem vir em auxílio dos fiéis com breves palavras ou prece litânica, atendendo-se a sua condição, idade etc.

RITO DA RECONCILIAÇÃO

Confissão genérica dos pecados:

A convite do diácono ou outro ministro, todos se ajoelham ou se inclinam e recitam a fórmula da confissão genérica (por exemplo: "Confesso a Deus..."); a seguir, de pé, se for oportuno, recitam uma outra oração litânica ou entoam um canto apropriado. Ao final reza-se a Oração do Senhor.

Presidente: *Irmãos, lembrados da bondade de Deus, nosso Pai, confessemos os nossos pecados para alcançar a sua misericórdia.*

Confesso a Deus todo-poderoso e a vós irmãos...

Presidente: *Invoquemos humildemente Jesus Cristo, que com sua morte venceu o pecado, para que perdoe as ofensas que cometemos contra Deus e nos reconcilie com a Igreja que também ofendemos.*

- *Senhor, que foste enviado para evangelizar os pobres e salvar os corações arrependidos, tende piedade de nós.*

R. *Salvai-nos, Senhor Jesus.*

- *Senhor, que não vieste chamar os justos, mas os pecadores, tende piedade de nós.*

R. *Salvai-nos, Senhor Jesus.*

- *Senhor, que perdoastes muito àquele que muito amou, tende piedade de nós.*

R. *Salvai-nos, Senhor Jesus.*

- *Senhor, que não recusastes o convívio dos publicanos e pecadores, tende piedade de nós.*

R. *Salvai-nos, Senhor Jesus.*

- *Senhor, que reconduzistes sobre os vossos ombros a ovelha perdida, tende piedade de nós.*

R. *Salvai-nos, Senhor Jesus.*

- *Senhor que não condenaste a adúltera, mas lhe dissestes: "Vai em paz!", tende piedade de nós.*

R. *Salvai-nos, Senhor Jesus.*

- *Senhor, que chamastes o publicano Zaqueu à conversão e à vida nova, tende piedade de nós.*

R. *Salvai-nos, Senhor Jesus.*

- *Senhor, que prometeste o paraíso ao ladrão arrependido, tende piedade de nós.*

R. *Salvai-nos, Senhor Jesus.*

- *Senhor, que, vivendo à direita do Pai, sempre intercedeis por nós, tende piedade de nós.*

R. *Salvai-nos, Senhor Jesus.*

Presidente: *Agora, como o próprio Cristo nos ordenou, peçamos junto ao Pai que perdoe os nossos pecados assim como nos perdoamos uns aos outros:*

Todos: *Pai nosso, que estais nos Céus...*

Presidente: *Ó Deus, que quisestes socorrer a nossa fraqueza, concedei-nos receber com alegria a renovação que trazeis e manifestá-la em nossa vida. Por Cristo, nosso Senhor.*

R. *Amém.*

CONFISSÃO E ABSOLVIÇÃO INDIVIDUAIS

(Os penitentes aproximam-se dos sacerdotes colocados em lugares adequados, confessam seus pecados e, recebida a devida satisfação, são absolvidos individualmente.)

CONFISSÕES INDIVIDUAIS

Terminadas as confissões individuais, o sacerdote que preside a celebração, acompanhado dos demais sacerdotes, convida à ação de graças e exorta às boas obras, pelas quais se manifesta a graça da penitência na vida dos indivíduos e de toda a comunidade. Convém, portanto, cantar um salmo ou hino, ou fazer uma oração litânica, proclamando o poder e a misericórdia de Deus. Segue sugestão de gesto simbólico e hino:

Gesto simbólico: o presidente, recordando o banho purificador do batismo, asperge a todos enquanto se canta o refrão meditativo: "Banhados em Cristo" – Adaptação de Ione Buyst. In Kolling, 2004, n. 1459f, p. 318.

Louvação final: o presidente convida a assembleia à ação de graças.

Canto: "Te Deum" – Pe Zezinho, SCJ. In Kolling, 2004, n. 1431, p. 311.

No refrão, a parte "todo-poderoso, é nosso Deus", poderá ser substituída por: "terna compaixão é o nosso Deus."

Presidente: *Deus e Pai nosso, que perdoastes os nossos pecados e nos destes a vossa paz, fazei que, perdoando-nos sempre uns aos outros, sejamos intrumentos de paz. Por Cristo, nosso Senhor.*

R. *Amém.*

RITO CONCLUSIVO

Presidente: *O Senhor vos conduza segundo o amor de Deus e a paciência de Cristo.*

R. *Amém.*

Para que possais caminhar na vida nova e agradar a Deus em todas as coisas.

R. *Amém.*

Abençoe-vos Deus todo-poderoso, Pai, e Filho, e Espírito Santo.

R. *Amém.*

O Senhor perdoou nossos pecados. Ide em paz.

R. *Graças a Deus.*

Canto de dispersão.

25º Encontro
Lavados e purificados em Cristo

Palavra inicial: Este encontro será uma partilha de como os catequizandos vivenciaram o Sacramento da Penitência, e como, após terem sido "lavados" por Cristo, permanecer na sua graça.

Preparar o ambiente: Ambão com toalha da cor do Tempo Litúrgico, Bíblia, vela, flores e crucifixo.

Acolhida: O catequista acolhe os catequizandos, saudando-os com a frase: *"Lavados e purificados em Cristo, N..., seja bem-vindo!"* e os conduz para dentro da sala.

Recordação da vida: Todos se colocam ao redor da Mesa da Partilha ou da Mesa da Palavra, onde farão uma retrospectiva da semana, destacando os acontecimentos importantes que possam ter ocorrido na vida da comunidade.

NA MESA DA PALAVRA

Oração inicial: O catequista deverá motivar a oração inicial de maneira bem simples e que seja o mais espontânea possível. Poderá invocar o Espírito Santo com um canto ou com a oração "Vinde, Espírito Santo, enchei...".

Um catequizando dirige-se até o ambão e proclama o texto bíblico. Antes, porém, todos poderão cantar, aclamando o Santo Evangelho.

Leitura do texto bíblico: Jo 15,10-13.

Depois de um momento de silêncio, o catequista lê o texto novamente, bem devagar, destacando alguns pontos.

> *"Se guardardes os meus mandamentos, permanecereis no meu amor [...] Disse-vos estas coisas para que a minha alegria esteja convosco, e a vossa alegria seja completa. [...] amai-vos uns aos outros como eu vos amei..."*

Todos se dirigem para a Mesa da Partilha.

NA MESA DA PARTILHA

Antes de refletir o texto bíblico, o catequista poderá pedir aos catequizandos que partilhem a experiência de confessar pela primeira vez. Lembrando que não é para contar o que o padre falou, nem os pecados ditos. Apenas partilhar como foi a celebração, as sensações, as palavras que mais o tocaram, a alegria de poder se reconciliar com Deus... Cada um pode se expressar calmamente.

Depois de ouvir cada um, o catequista valoriza todas as experiências, mesmo as que possam não ter sido muito positivas, e reflete com os catequizandos o texto bíblico, enfatizando que quando observamos os mandamentos do Senhor, a nossa alegria é completa. Poderá pedir que abram suas Bíblias no texto proclamado para uma leitura silenciosa, para recordarem o texto.

O catequista continua a reflexão, ligando a experiência da reconciliação com o texto. Deus nos dá os mandamentos para que possamos observar e viver em plenitude. Jesus resume todos os mandamentos no amor. Quem ama não se afasta de Deus; quem ama não fala mal do irmão; quem ama não prejudica o próximo.

Somos pequenos, limitados e falhos, mas Deus sempre nos dá uma nova chance de recomeçar. O Sacramento da Reconciliação é o caminho que nos coloca de volta nos trilhos, de volta na observância dos mandamentos. Com a absolvição, sentimo-nos mais leves, libertados do pecado e felizes pela graça de Deus.

O catequista, então, poderá conversar com os catequizandos sobre o que é preciso fazer para que continuemos na graça de Deus, não deixando que o pecado tome conta de nós. Depois de ouvi-los, comentar que uma vida de oração, meditar diariamente a Palavra de Deus, participar da vida da comunidade, guardar os mandamentos do Senhor e aproximar-se sempre dos Sacramentos, auxilia-nos a permanecer na graça de Deus.

O catequista poderá convidar a todos a cantar o refrão meditativo: "Banhados em Cristo" – Adaptação de Ione Buyst. In Kolling, 2004, n. 1459f, p. 318.

Conclusão: O catequista apresenta a cruz com a imagem do Crucificado aos catequizandos, dizendo que todos nós fomos lavados e purificados no sangue e na água que jorraram do lado aberto de Cristo na cruz. Ali nasce a Igreja e com ela a missão de libertar todo homem do pecado. O Sacramento da Reconciliação é fruto da morte e da ressurreição de Cristo.

Oração final: O catequista convida a todos a se colocarem ao redor da Mesa da Palavra e, olhando para a cruz, fazer pedidos e agradecimentos pelo perdão recebido, pelo amor e paciência que Deus tem conosco. Ao final, rezar o Pai-Nosso e concluir com a oração:

> *Deus, Pai bondoso, olha pelos teus filhos e filhas lavados pelo Sacramento da Penitência. Faz que com a força do teu Espírito possam observar os teus mandamentos e viver na tua Alegria. Por Cristo, nosso Senhor. Amém.*

No final da oração, o catequista impõe as mãos sobre a cabeça de cada catequizando e traça o sinal da cruz em sua fronte dizendo:

> *"N..., vai em paz e que o Senhor te acompanhe! Amém".*

26º Encontro — Não nos deixeis cair em tentação

Palavra inicial: Prezados catequistas, neste encontro buscaremos refletir com os catequizandos sobre a sexta petição da oração do Pai-Nosso. Conscientes da nossa fragilidade, pedimos ao Pai ajuda e força para não cair no pecado.

Preparar o ambiente: Ambão com toalha da cor do Tempo Litúrgico, Bíblia, vela e flores.

Acolhida: O catequista acolhe os catequizandos, saudando-os com a frase: *"Vigiai e orai, N... Seja bem-vindo!"* e os conduz para dentro da sala. Quando já estiverem acomodados, saúda a todos mais uma vez, desejando-lhes boas-vindas.

Recordação da vida: Ao redor da Mesa da Partilha ou da Mesa da Palavra, motivar os catequizandos a fazerem uma retrospectiva da semana, destacando os acontecimentos e fatos importantes que possam ter ocorrido na vida da comunidade.

NA MESA DA PALAVRA

Oração inicial: Em clima de oração e recolhimento, o catequista inicia a oração invocando o Espírito Santo, rezando ou cantando.

O catequizando dirige-se até o ambão, de onde proclama o texto bíblico.

Leitura do texto bíblico: 1Cor 10,12-13.

Depois de um momento de silêncio, o catequista lê o texto novamente, bem devagar, destacando alguns pontos.

> *"...aquele que acredita estar em pé cuide que não caia. [...] mas com a tentação, ele dará os meios para que possais resistir-lhe."*

Todos se dirigem para a Mesa da Partilha.

NA MESA DA PARTILHA

Reconstruir o texto bíblico. Depois, pedir aos catequizandos para abrirem suas Bíblias na passagem proclamada na Mesa da Palavra e convidá-los a uma leitura silenciosa, observando algum detalhe não comentado na reconstrução do texto. Se houver algo, todos podem partilhar.

A sexta petição da oração do Pai-Nosso é a única formulação negativa. Conscientes da nossa condição de pecadores, suplicamos ao Pai que nos dê força e nos ajude a não cair no pecado. Mais do que pedir a Deus que nos liberte das tentações diárias, pedimos a Deus que não nos deixe cair na tentação radical e definitiva de recusar o seu projeto de salvação, o Reino que Ele nos preparou e abandonar a fé em Jesus Cristo.

Como ser humano, somos livres, porém condicionados e influenciados por muitos fatores para fazer nossas escolhas (a TV, internet, as redes sociais, os amigos...). Somos fracos e expostos a todo tipo de perigo que pode arruinar o projeto que Deus tem para nós. O mal nos ameaça, e a qualquer momento podemos cair no egoísmo e na infidelidade. A partir desta realidade frágil e ameaçada brota nossa súplica, pedindo a Deus que nos ajude.

Quando pedimos a Deus para não nos deixar cair em tentação, não pedimos uma "redoma de vidro" à prova das tentações, pelo contrário, pedimos a força e a sabedoria de Deus para vencer as tentações, para não cairmos nas armadilhas do tentador. Na nossa caminhada terrestre, estamos sujeitos a todo tipo de tentação, situações que nos serão atrativas e que parecerão lucrativas em primeiro momento, mas que no final nos deixarão o gosto amargo da culpa. A tentação maior é a de recusar Deus, de fechar-nos ao seu amor e substituí-lo por nosso próprio egoísmo.

Tentações teremos, mas Deus é aquele que, no meio das provas, dá forças para que possamos vencê-las. Pedimos a Deus que não nos deixe ceder à tentação. Deus é fiel e "não permitirá que sejamos tentados acima das nossas forças", como nos diz a leitura proclamada neste encontro.

Jesus, então, deixa-nos uma advertência: "*Vigiai e orai, para não cairdes em tentação!*" (Mc 14,38). Jesus nos ensina que, diante da tentação, a nossa atitude deve ser dupla: vigiar e rezar. Não podemos subestimar a tentação achando que somos fortes e que sozinhos conseguiremos vencê-la. "*Quem julga estar de pé tome cuidado para não cair*" nos diz a leitura de São Paulo à comunidade de Coríntios.

Orar e vigiar significa tomar consciência da nossa fraqueza e não cair no orgulho ou na autossuficiência. Saber que precisamos orar e vigiar é manter ativa nossa liberdade pessoal e confiar na graça de Deus.

Conclusão: O catequista encerra questionando os catequizandos sobre alguns dos momentos de nossa vida em que somos tentados. Deixar que falem.

Quando os amigos nos oferecem drogas? Quando alguém fala mal de alguém? Fofocas? Mentiras? E mais do que isso, quando alguém diz que ser cristão e viver os mandamentos são perda de tempo, é não aproveitar a vida.

O catequista poderá convidar os catequizandos a se colocarem em uma posição confortável para um breve momento de oração silenciosa. Depois, motiva a todos a se colocarem ao redor da Mesa da Palavra e lá rezarem, pedindo força para que não caiam em tentação.

Oração final: Ao redor da Mesa da Palavra, o catequista motiva os catequizandos a formularem orações, preces e pedidos a Deus para que os preserve do mal, não os deixando cair em tentação. Poderá encerrar com o Pai-Nosso e com a oração:

> *Senhor, nosso Deus, que olha com amor e com misericórdia para a fragilidade humana, derrama o teu Espírito e dá-nos forças para não cairmos em tentação. Por Cristo, nosso Senhor. Amém*

No final da oração, o catequista impõe as mãos sobre a cabeça de cada catequizando e traça o sinal da cruz em sua fronte dizendo:

> *"Orai e vigiai, N... Vai em paz e que o Senhor te acompanhe! Amém".*

MATERIAL DE APOIO
- Aprofundar o tema nos parágrafos 2846 a 2849 do Catecismo da Igreja Católica (CIC).

27º Encontro

Mas livrai-nos do mal

Palavra inicial: amado catequista, no encontro de hoje queremos refletir sobre a última petição da oração deixada por Jesus a todos nós: "livrai-nos do mal". Pedido este que dirigimos ao Pai para que nos livre do mal que pode nos afastar do Reino e da vida plena em Deus.

Preparar o ambiente: ambão com toalha da cor do Tempo Litúrgico, Bíblia, vela, flores e ramos de trigo para todos os catequizandos.

Acolhida: à medida que os catequizandos vão chegando, o catequista os acolhe saudando-os com a frase: "*Cuidai da Palavra semeada no seu coração, N... Seja bem-vindo!*" e convida-os a entrarem para o local do encontro.

Recordação da vida: ao redor da Mesa da Palavra, o catequista motiva os catequizandos a fazer um momento de recordação da vida, onde lembrarão fatos e acontecimentos que marcaram a vida de cada um, de suas famílias, comunidade e da sociedade.

NA MESA DA PALAVRA

Oração inicial: após o momento de recordação da vida, o catequista inicia um momento de oração, pedindo o Espírito Santo sobre todos os catequizandos e sobre toda a Igreja.

Ainda em clima de oração, um catequizando dirige-se até o ambão, de onde proclama o texto bíblico. Antes, porém, todos poderão cantar, aclamando o Santo Evangelho.

Leitura do texto bíblico: Mt 13,24-30.

Depois de um momento de silêncio, o catequista lê o texto novamente, bem devagar, destacando alguns pontos.

> "*...O Reino dos Céus é como alguém que semeou boa semente no seu campo. Enquanto todos dormiam, veio seu inimigo, semeou joio no meio do trigo e foi embora. [...] foi algum inimigo que fez isso...*"

Todos se dirigem para a Mesa da Partilha.

NA MESA DA PARTILHA

Ao redor da Mesa da Partilha, o catequista incentiva os catequizandos a reconstruírem o texto bíblico. Depois, pede aos catequizandos que abram suas Bíblias na passagem proclamada na Mesa da Palavra e os convida a uma leitura silenciosa, observando algum detalhe não comentado na reconstrução do texto. Se houver algo, todos podem partilhar.

O catequista pede, ainda, para os catequizandos lerem os versículos de 36 a 43 do capítulo 13 do Evangelho de Mateus, nos quais Jesus explica a parábola do joio.

Refletir, então, com os catequizandos que Deus criou o Céu e a Terra. O mundo é bom, pois é obra de Deus, é sua criação. Porém, constatamos a presença obscura do mal: o pecado, as guerras, as injustiças, a corrupção, a fome, as doenças, as desgraças, a morte. Diante disso, lançamos um grito de socorro a Deus, nosso Pai: "*livra-nos do mal*".

O grito dirigido a Deus não é apenas para que Ele nos livre das dificuldades e dos males de cada dia, para viver de maneira tranquila e despreocupada. Pedimos ao Pai que nos livre do mal que pode nos afastar do seu Reino, do seu projeto de salvação, que pode nos afastar da sua presença.

O mal refere-se a uma pessoa: Satanás. Como podemos verificar nos Evangelhos, o "maligno" (Jo 17,15), "o tentador" (Mt 4,3), "homicida e mentiroso" (Jo 12,31), "príncipe deste mundo" (Jo 12,31), que luta contra o Reino de Deus, que arranca a Palavra semeada no coração da pessoas (Mt 13,19) e que semeia o "joio" no meio do trigo, como vimos no Evangelho que proclamamos. Sabemos que seu poder foi vencido por Jesus, mas ele ainda está no meio de nós, mesmo que por pouco tempo, pois Jesus, quando voltar pela segunda vez, no dia da colheita, separará definitivamente o trigo do joio, os bons dos maus. No Pai-Nosso, ao pedir que nos livre do maligno, pede-se a Deus igualmente que nos livre do poder e da força hostil desse maligno. Que sejamos libertados de todos os males, presentes, passados e futuros, dos quais ele é autor e instigador.

Sabemos que o pecado e a maldade não estão só no coração das pessoas, mas já estão enraizado nas estruturas da sociedade, nas instituições, nos sistemas injustos e nas culturas e costumes imorais. Um pecado que nos ultrapassa e que está atuando contra o Reino de Deus e contra o ser humano. O mal está aí com todo o seu poder e insiste em nos enganar.

Como cristãos, não devemos ter medo, mas sim confiar em Deus e lutar contra os embustes e ciladas do demônio, enquanto esperamos a plena manifestação de Jesus Cristo em sua segunda vinda. Enquanto esperamos, prosseguimos pedindo ao Pai a sua proteção salvadora. O Pai-Nosso é a oração diária do cristão!

O catequista poderá convidar os catequizandos a se colocarem em uma posição confortável para um breve momento de oração silenciosa.

Conclusão: O catequista, então, poderá distribuir aos catequizandos ramos de trigo, perguntando-lhes o que mesmo significa a semente de trigo na parábola proclamada neste encontro. Deixar que falem. Depois, concluir dizendo que todos nós somos chamados a ser trigo, a boa semente, os que pertencem ao Reino de Deus, homens e mulheres que esperam, confiantes na misericórdia do Pai, o dia da colheita.

Oração final: O catequista convida a todos a se colocarem ao redor da Mesa da Palavra, onde estimula os catequizandos a formularem preces e orações, principalmente por aqueles que não acreditam em Deus e na Salvação de Jesus, pedindo a Deus que tenha misericórdia e compaixão de todo o mundo, livrando-nos sempre do mal e do maligno. Concluir com o Pai-Nosso e com a oração:

> *Deus de Misericórdia, que enviaste teu Filho ao mundo para semear a tua Palavra, olha com ternura para cada um de nós, e nos conduz um dia à morada celeste, onde viveremos eternamente junto de Ti. Por Cristo, nosso Senhor. Amém.*

No final da oração, o catequista impõe as mãos sobre a cabeça de cada catequizando e traça o sinal da cruz em sua fronte dizendo:

> *"És um cidadão do Reino de Deus, N... Vai em paz e que o Senhor te acompanhe!".*

MATERIAL DE APOIO
- Aprofundar o tema nos parágrafos 2850 a 2854 do Catecismo da Igreja Católica (CIC).

28º Encontro

Pois vosso é o Reino, o poder e a glória para sempre. Amém.

Palavra inicial: Com este encontro encerramos a reflexão sobre o Pai-Nosso. Nele queremos falar da doxologia final que o encerra, bem como olhar para todo o conjunto da oração. Queremos identificar o que os catequizandos assimilaram sobre tudo o que foi falado no decorrer do ano de catequese.

Preparar o ambiente: Ambão com toalha da cor do Tempo Litúrgico, Bíblia, vela e flores. Cartaz contendo toda a oração do Pai-Nosso, inclusive a doxologia: "pois vosso é o reino...".

Acolhida: O catequista acolhe carinhosamente os catequizandos com a frase: "*Glorificado seja Deus, N..., seja bem-vindo!*" e os conduz para a sala de encontro.

Recordação da vida: Ao redor da Mesa da partilha ou da Mesa da Palavra o catequista motiva os catequizandos a fazerem um momento de recordação da vida, onde lembrarão fatos e acontecimentos que marcaram a vida de cada um, de suas famílias, comunidade e da sociedade.

NA MESA DA PALAVRA

Oração inicial: Propiciar um momento de oração, pedindo que o Espírito Santo desça sobre todos os catequizandos e sobre toda a Igreja.

Um catequizando dirige-se até o ambão, de onde proclama o texto bíblico.

Leitura do texto bíblico: Ap 5,11-14.

Depois de um momento de silêncio, o catequista lê o texto novamente, bem devagar, destacando alguns pontos.

> "...Àquele que está sentado no trono e ao Cordeiro, o louvor, a honra, a glória e o poder pelos séculos dos séculos..."

Todos se dirigem para a Mesa da Partilha.

NA MESA DA PARTILHA

Ao redor da Mesa da Partilha, o catequista incentiva os catequizandos a reconstruírem o texto bíblico. Depois, pede que abram suas Bíblias na passagem proclamada na Mesa da Palavra e convida-os a uma leitura silenciosa, observando algum detalhe não comentado na reconstrução do texto. Se houver algo, todos podem partilhar.

O catequista reflete com os catequizandos que a doxologia da qual pode ser concluída a Oração do Senhor é uma prece cujo fim é glorificar a Deus: "*pois vosso é o reino, o poder e a glória para sempre*".

A doxologia final acrescida no Pai-Nosso retoma os três primeiros pedidos da oração (o catequista poderá perguntar aos catequizandos quais as três primeiras petições do Pai-Nosso) – a glorificação de seu Nome, a vinda de seu Reino e o poder de sua Vontade salvífica. Mas essa retomada, como nos ensina o Catecismo da Igreja Católica, "ocorre então em forma de adoração e de ação de graças, como na Liturgia celeste. O príncipe deste mundo atribuíra a si mentirosamente estes três títulos de realeza, de poder e de glória; Cristo, o Senhor, os restitui a seu Pai e nosso Pai, até entregar-lhe o Reino, quando será definitivamente consumado o Mistério da salvação e Deus será tudo em todos" (CIC 2855).

Em nosso dia a dia, não temos muito o costume de concluir o Pai-Nosso com esta doxologia. A rezamos de modo especial em dois momentos: quando rezamos o Pai-Nosso na versão ecumênica, ou seja, tradução aprovada e rezada pela maioria das igrejas Cristãs e na Liturgia da celebração Eucarística, onde na oração do Pai-Nosso é acrescentado um embolismo (acréscimo), rezado apenas pelo presidente da celebração:

"Livrai-nos de todos os males, ó Pai, e dai-nos hoje a vossa paz. Ajudados pela vossa misericórdia, sejamos sempre livres do pecado e protegidos sempre de todos os perigos, enquanto vivendo a esperança aguardamos a vinda do Cristo Salvador." (Missal Romano, n. 126)

Ao final do embolismo, toda a assembleia conclui a oração com a doxologia: "vosso é o reino, o poder e a glória para sempre!".

Vale ressaltar que na oração do Pai-Nosso na Missa não se diz o "amém", que só é dito mais adiante quando o sacerdote conclui a oração da paz.

Ao concluir a oração do Pai-Nosso rezado cotidianamente, dizemos o "amém", que significa "que isso se faça", "que assim seja", que aconteça tudo o que acabamos de rezar. É como se fosse a nossa assinatura atestando o que acabamos de pedir e que verdadeiramente se cumpra tudo o que está contido na oração que o Senhor nos ensinou.

Finalizada a reflexão do significado de cada parte da oração que Jesus nos ensinou, seria bom que o catequista verificasse o que realmente ficou assimilado na mente e no coração dos catequizandos. Para isso, poderá expor o cartaz grande com o Pai-Nosso e promover um diálogo com os catequizandos, pedindo para falarem qual foi a parte que mais os tocou, o que eles lembram do significado de cada petição meditada ao longo do ano... Deixar que falem.

Conclusão: O catequista convida a cada catequizando a ficar alguns minutos em silêncio e formular um gesto concreto, uma atitude para que possa, como os discípulos, anunciar e testemunhar a fé, colocando em prática tudo o que aprenderam com o Pai-Nosso. É um compromisso pessoal e que deve ser levado para a vida toda.

Explicar que no próximo encontro será preparada a celebração onde todos cantarão ou recitarão a oração do Pai-Nosso, a Celebração Eucarística de conclusão da terceira etapa. Explicar a importância desse ato.

Oração final: O catequista convida a todos a se colocarem ao redor da Mesa da Palavra, onde estimula os catequizandos a formularem preces e orações para que todos os cristãos aprendam e saibam colocar em prática a oração que Jesus nos deixou. Conclui rezando o Pai-Nosso e com a oração:

> *Deus, Pai criador que conhece o coração de cada um de nós, ajuda-nos a testemunhar a fé e a vivê-la a cada dia. Que nosso testemunho e exemplo sejam sinais para este mundo sem esperança e cheio de guerras. Que a oração nos seja sustento na missão. Por Cristo, nosso Senhor. Amém.*

No final da oração, o catequista impõe as mãos sobre a cabeça de cada catequizando e traça o sinal da cruz em sua fronte dizendo:

> *"Que a sua vida seja uma eterna oração, N... Vai em paz e que o Senhor te acompanhe!".*

MATERIAL DE APOIO

O Diálogo Ecumênico[7]

O Conselho Nacional de Igrejas Cristãs do Brasil (CONIC) é uma associação fraterna de Igrejas que confessam o Senhor Jesus Cristo como Deus e Salvador, segundo as Escrituras e, por isso, procuram cumprir sua vocação comum para a glória de Deus Uno e Trino, Pai, Filho e Espírito Santo, em cujo nome administram o Santo Batismo.

Fundado em 1982, em Porto Alegre, RS, o CONIC tem hoje a sua sede em Brasília, DF. Seus objetivos envolvem a promoção das relações ecumênicas entre as Igrejas cristãs e o testemunho conjunto das Igrejas membros na defesa dos direitos humanos como exigência de fidelidade ao Evangelho.

Seis igrejas fazem parte do CONIC: Católica Apostólica Romana; Episcopal Anglicana; Evangélica de Confissão Luterana no Brasil; Ortodoxa Sírian do Brasil; Presbiteriana Unida.

Em suas atividades, as Igrejas membros vivenciam concretamente a parceria, o diálogo, a valorização humana mútua, o crescimento da amizade fraterna; aprendem a se conhecer e se descobrem como aliadas. Tudo isso se faz dentro do máximo respeito à identidade de cada Igreja: cada uma contribui para o diálogo sendo exatamente como é.

Uma das iniciativas importantes do CONIC, é a promoção anual da Semana de Oração pela Unidade dos Cristãos, realizada entre os domingos de Ascensão e Pentecostes. A cada ano o CONIC propõe um tema para ser meditado e refletido. Portanto, não nos esqueçamos de rezar também por esta intenção: Para que as Igrejas se abram o diálogo e a unidade.

Unidade na diversidade

A junção dessas duas palavras, unidade e diversidade, ou unidade na diversidade, nos dá a impressão de que é impossível construir um ambiente assim, pois, em tese, diversidade geraria separação. Mas no mundo cristão esse raciocínio dribla a lógica, pois o diálogo aberto e fraterno permite, mesmo na diversidade, a abertura ao outro, àquilo que eu não tenho, mas admiro e respeito no meu irmão de fé. Afinal, existe uma máxima que rege a todos os cristãos: "maior é aquilo que nos une do que o que nos separa". Todos estão sob um só Cristo, um só Pastor, fazendo parte de um só rebanho e, embora os caminhos para se encontrar com Deus sejam variados, a meta é sempre a mesma: "amar o próximo como a si mesmo" (Gál 5,14).

Construindo a unidade

A unidade, porém, nem sempre é fácil de ser conseguida. Mas os esforços de muitas igrejas no Brasil, sejam elas igrejas-membro do CONIC ou não, têm sido cada dia maiores.

Pai-Nosso em versão ecumênica

"Pai nosso que estás nos Céus, santificado seja o teu nome, venha o teu Reino. Seja feita a tua vontade, assim na Terra como no Céu. O pão nosso de cada dia nos dá hoje, perdoa-nos as nossas ofensas, assim como nós perdoamos a quem nos tem ofendido. E não nos deixes cair em tentação, mas livra-nos do mal, pois teu é o Reino, o poder e a glória para sempre. Amém".

---

7   Adaptado do site do CONIC. Disponível em: <http://www.conic.org.br/>. Acesso em: 10 de maio de 2013.

> **Sugestão**
>
> Preparar a Logomarca do CONIC em cartaz ou outra forma, para apresentar aos catequizandos. Esta pode ser encontrada no site: Conselho Nacional de Igrejas Cristãs do Brasil. Conic. Org.br. Disponivel em <http://www.conic.org.br/portal/apresentacao> Eles disponibilizam nesta página> Acesso em 21 de maio de 2015.

29º Encontro — Preparando a Celebração de Recitação do Pai-Nosso

Palavra inicial: Caríssimo catequista, estamos encerrando a terceira etapa da catequese. Neste encontro, queremos preparar os catequizandos para a Celebração de Recitação do Pai-Nosso. Seria importante já ter lido o roteiro celebrativo e ter em mente todo o desenrolar da celebração.

Preparando o ambiente: Ambão com toalha verde, Bíblia, vela e flores. Na Mesa da Partilha, folha com a Oração do Senhor que foi entregue aos catequizandos no início da terceira etapa, rádio e cd com o Pai-Nosso, se este for ser cantado na Celebração de Recitação.

Acolhida: O catequista recebe os catequizandos, traçando o sinal da cruz em sua fronte e dizendo: *"N..., Jesus hoje te pergunta: você crê em mim? Seja bom discípulo e testemunha de Cristo!"*.

Recordação da vida: Quando todos estiverem na sala de encontro, ao redor da Mesa da Partilha ou da Mesa da Palavra, o catequista os incentiva a apresentar fatos e acontecimentos que marcaram a semana.

NA MESA DA PALAVRA

Oração inicial: O catequista invoca o Espírito Santo com uma oração ou canto à escolha. Logo após, dirige-se à Mesa da Palavra e convida a todos a cantarem, aclamando o Santo Evangelho. Depois, proclama o texto indicado.

Leitura do texto bíblico: Lc 11,1-13.

Em seguida, lê novamente, desta vez pausadamente, destacando alguns pontos do texto:

> *"...Jesus estava rezando num certo lugar. Quando terminou, um dos discípulos lhe pediu: Senhor, ensina-nos a rezar [...] Quando rezardes, dizei: Pai, santificado seja teu nome [...] Digo-vos, pois: Pedi e vos será dado; buscai e achareis; batei e vos abrirão..."*.

Após a leitura, todos dirigem-se para a Mesa da Partilha.

NA MESA DA PARTILHA

Reconstruir o texto com os catequizandos, dizendo que Jesus nos deixou um modelo de oração, que é base e fundamento para todas as outras orações. Que Deus conhece nosso coração e sabe o que é melhor para nós. Em todos os momentos de nossa vida, momentos felizes e tristes, sempre devemos nos colocar na presença do Senhor, seja louvando, agradecendo, pedindo, implorando, adorando ou simplesmente no silêncio, escutando o que Ele tem a nos dizer. Deus é fiel e não nos abandona nunca. Está sempre ao nosso lado, mesmo diante da nossa pequenez e fragilidade. Somos pecadores e é assim que Deus nos ama. Concluir dizendo que a oração é alimento e sustento na caminhada neste mundo, portanto, essencial!

O catequista deverá também recordar com os catequizandos um pouco a Liturgia da Solenidade de Nosso Senhor Jesus Cristo, Rei do Universo, conclusão do Ano Litúrgico. Por motivos pastorais, a celebração pode ocorrer num outro dia.

Explicar passo a passo aos catequizandos a Celebração de Recitação do Pai Nosso, bem como sua importância e seu significado.

Esclarecer: *Na celebração de Recitação da Oração do Senhor, vamos ser convidados a testemunhar nossa fé e confiança perante toda a comunidade, mostrando o caminho de amadurecimento na fé que temos percorrido.*

Poderá também fazer um rápido ensaio: procissão de entrada, definir onde sentarão, o que irão responder, mostrar a folha com o Pai-Nosso que já receberam e agora rezarão publicamente. Sugerimos que os catequizandos cantem a oração do Pai-Nosso, que pode começar a ser ensaiada, aproveitando a oportunidade. Pode-se marcar outros dias para o ensaio dos cantos.

Lembrar que o encontro da próxima semana é uma reunião com os pais e padrinhos de Batismo. Nesta reunião deve-se refletir sobre a importância e o significado da celebração. Explicar passo a passo o desenrolar dos ritos e distribuir algumas funções, como veremos nas orientações do próximo encontro (a reunião com os pais e padrinhos poderá ser agendada em dia e horário que facilite a participação de todos, principalmente dos que trabalham e moram longe). Lembrar ainda que, antes da celebração de conclusão da terceira etapa, sugere-se um retiro espiritual para todos os catequizandos, pais e padrinhos. Sendo assim, comunicar-lhes a programação do retiro, bem como distribuir os convites para serem levados aos pais e padrinhos.

Conclusão: No decorrer da semana, lembrar os pais e padrinhos de Batismo da reunião da próxima semana, comparecer aos ensaios e convidar os amigos e parentes para participarem da celebração.

Oração final: Ao redor da Mesa da Palavra, de mãos dadas, rezar o Pai-Nosso. O catequista conclui com a oração:

> *Deus, Pai de bondade, concede-nos a graça de nos colocarmos constantemente na tua presença através da oração. Por Cristo, nosso Senhor. Amém.*

No final da oração o catequista impõe as mãos sobre a cabeça de cada catequizando e traça o sinal da cruz em sua fronte dizendo:

> *"Deus te espera na oração, N.... Vai em paz e que o Senhor te acompanhe! Amém".*

MATERIAL DE APOIO

A posição das mãos na Oração do Senhor

Pe. Thiago Faccini Paro

O ser humano sempre se utilizou da expressão corporal para se comunicar e exprimir seus sentimentos. A Bíblia e a liturgia através dos tempos nos apresentam uma gama de posições do corpo e diferentes significados.

Em especial, neste artigo, trataremos especificamente da posição das mãos na oração do Pai-Nosso dentro da celebração eucarística e a herança herdada pela iconografia.

O levantar das mãos para a oração já era um ato aconselhado por Paulo a Timóteo: "Quero pois, que os homens orem em qualquer lugar, levantando ao céu as mãos puras, sem iras e sem contendas" (1 Tm 2,8). O erguer as mãos parece que é pacífico nas comunidades, porém, o jeito de elas permanecerem durante a oração traz algumas dúvidas e divergências. Qual seria a posição correta, ou a posição que melhor expressa tão rica oração?

A Instrução Geral do Missal Romano e a liturgia em si não especificam ou não determinam essa maneira, mas dizem somente que "o sacerdote profere o convite, todos os fiéis recitam a oração com o sacerdote, e o sacerdote acrescenta sozinho o embolismo que o povo encerra com a doxologia" (n. 81).

Sendo assim, a posição das mão durante a Oração do Senhor é bem livre, e cada um, a sua maneira, expressa e lhe atribui um significado. Porém, estudando e pesquisando um pouco mais, pode-se recorrer à iconografia como uma das mais importantes fontes de linguagem simbólica comum de nossa fé. Diz que se escreve um ícone, dado o tamanho de simbolismo e catequese presente em uma dessas imagens. De modo particular, as mãos recebem uma atenção.

Na época em que os ícones eram bem mais explorados, tinha-se, entre os observadores, uma linguagem comum, ou seja, de acordo com determinada posição de mãos, cores e olhar, sabia-se que mensagem o autor queria transmitir. Como, por exemplo, quando olhamos um ícone do Cristo Pantocrator em que ele está com o braço direito erguido e com a mão em atitude de bênção (à maneira grega), ou seja, três dedos fechados e somente dois dedos erguidos, significa, entre outras coisas, que ele está falando. Ou a imagem de um Bispo com o braço nesta mesma posição, que simboliza que ele está abençoando e ainda, se for um mártir, quer significar que ele está professando a fé.

Ao falarmos da posição das mãos na oração do Pai-nosso, recorremos aos ícones em posição "orante", onde a imagem se encontra com as mãos voltadas para o alto e em posição frontal. Querendo dizer que quando rezamos, colocamo-nos na presença do Senhor da maneira que somos, com nossas limitações e virtudes. Diante de Deus não se pode esconder nada, não se pode usar máscaras e as palmas das mãos abertas, em posição frontal, expõe nossa identidade representada pelas nossas impressões digitais, é a parte mais sensível de nossa mão. Ou seja, somos únicos diante de Deus nesse momento. As mãos abertas, além de expor nossa identidade, representam que estamos de mãos vazias, desarmados e abertos para acolher o Senhor, que vem ao nosso encontro.

Portanto, não importa a posição de nossas mãos, desde que elas tenham um sentido para nós e que, ao rezarmos a Oração do Senhor, principalmente na celebração eucarística, possamos fazer essa experiência apresentada pelos ícones, de nos apresentarmos diante de Deus, tal qual somos, deixando Ele agir e se manifestar em cada um de nós.

30º Encontro

Retiro espiritual
(Retiro a ser realizado nas semanas que antecedem a celebração de Recitação do Pai-Nosso.)

Palavra inicial: Prezados catequistas, sugerimos que, nas semanas que antecederão a celebração de Recitação do Pai-Nosso, os catequizandos, bem como seus pais e padrinhos de Batismo, sejam convidados para uma experiência de oração. Propomos que seja realizado um retiro espiritual, tendo como tema central a Oração do Senhor.

O retiro poderá ser realizado em uma chácara, fazenda ou um lugar tranquilo que proporcione parar a vida corrida e agitada, meditar e refletir sobre nossa caminhada. Um momento que convide a todos a olhar para dentro de si mesmos e avaliar a vida de fé e de oração. Poderá ser convidado um pregador para conduzir o retiro e a equipe de catequese se responsabilizará pela infraestrutura, acolhida...

O programa do retiro fica a critério do pregador e da organização, podendo ser iniciado ou encerrado com a Santa Missa.

31º Encontro — Preparando a celebração de Recitação do Pai-Nosso
Com os pais e padrinhos de Batismo
(Encontro a ser realizado na semana que antecede a celebração de Recitação do Pai-Nosso.)

Palavra inicial: Prezados catequistas, nesta reunião queremos apresentar aos pais e padrinhos de Batismo uma visão geral de como será a celebração de Recitação do Pai-Nosso. Primeiramente, uma reflexão sobre a importância e o significado; depois o desenrolar do rito. Mas uma vez lembramos que se deve aproveitar a oportunidade para dar uma breve catequese aos pais e responsáveis.

Preparando o ambiente: O espaço para a reunião poderá ser outra sala, mais ampla, para acomodar todos os participantes. Nesta sala, providenciar: ambão com toalha verde, Bíblia, vela e flores. Folhas com o roteiro da celebração.

Acolhida: O catequista acolhe os pais e padrinhos, dando-lhes boas-vindas e explicando o motivo da reunião. Logo após, convida a todos a ficarem de pé e fazerem uma breve oração (se o tempo permitir poderá ser feita a Leitura Orante de um texto bíblico. Poderá ser a passagem do texto de Mateus 6,9-13).

Oração inicial: Pode-se invocar o Espírito Santo com a oração "Vinde, Espírito Santo, enchei..." e fazer a leitura do texto bíblico.

Orientações para a reunião:

- Primeiramente, agradecer a presença de todos e pedir para que se apresentem e digam se são pais ou padrinhos.
- Introduzir com uma breve explicação sobre o Tempo Litúrgico, principalmente o significado da solenidade de "Cristo-Rei" (se a celebração acontecer nessa data).
- O catequista faz uma breve reflexão sobre a importância e significado da celebração.
- Depois, distribui o roteiro da celebração e explica passo a passo todo o desenrolar dos ritos.
- Orientá-los sobre a importância de se rezar em família e de incentivar a leitura bíblica com os filhos.
- Poderá distribuir algumas funções como leitores dos textos bíblicos, Oração da Assembleia, apresentação das ofendas.
- Orientar para que as fotos e filmagens sejam discretas e não atrapalhem a participação da assembleia.
- Hora e local, chegar com antecedência.

Oração final: O catequista convida a todos a rezarem o Pai-Nosso e logo depois, de braços abertos, conclui com a oração:

> *Deus, Pai de bondade, faz que estes pais e padrinhos, possam ajudar seus filhos e afilhados a viverem e a terem uma vida de oração. Que a oração acompanhe também a vida destas famílias e que nela elas encontrem consolo, alegria e esperança. Por Cristo, nosso Senhor. Amém.*
>
> *Ide em paz. Que o Senhor vos acompanhe!*

Celebração de Recitação do Pai-Nosso

Palavra inicial: Esta celebração tem o objetivo de apresentar a toda a comunidade os catequizandos que concluíram a terceira etapa da catequese, chamando a atenção para a grande importância desse processo para a vida da Igreja, bem como acompanhar os catequizandos que rezarão ou cantarão a oração do Pai-Nosso. Aconselhamos que esta celebração aconteça na Solenidade de N. Sr. Jesus Cristo, Rei do Universo. Porém, por motivos pastorais pode ocorrer num outro dia.

Preparando o ambiente: Livro dos catequizandos, onde foi registrado os nomes dos catequizandos ao final da primeira etapa. Reservar bancos para os catequizandos e padrinhos.

Procissão inicial: Os catequizandos e padrinhos de Batismo participam da procissão inicial. Pode-se levar ainda a imagem de Cristo Rei, livro grande com os nomes dos catequizandos.

Saudação inicial: O presidente acolhe os catequizandos, familiares e padrinhos.

(Tudo segue como de costume, até a doxologia "Por Cristo, com Cristo...".)

Após a Doxologia da Prece Eucarística, o padre faz uma breve introdução, chamando atenção para a oração do Pai-Nosso, que será cantada (ou recitada) pelos catequizandos. Lembrando que os mesmos receberam a Oração do Senhor no começo da terceira etapa e que a meditaram durante todo o ano. Agora, conscientes da importância e do valor de tais palavras deixadas pelo próprio Jesus Cristo, a cantarão ou recitarão. Como comunidade, família na fé, todos podem cantar ou rezar juntos. Os catequizandos, então, cantam ou recitam o Pai-Nosso, lembrando que não se fala o "Amém" no final da Oração do Senhor na Missa.

(A Missa prossegue como de costume até o "oremos" pós-comunhão.)

Após o "oremos" pós-comunhão, o diácono ou o próprio catequista convida os catequizandos a se ajoelharem para a oração que será feita sobre eles.

Diácono: *Queridos catequizandos, ajoelhem-se para a oração sobre vocês.*

Presidente: *Queridos catequizandos, hoje vocês concluem a terceira etapa do processo catequético. Juntamente com toda a comunidade, rogamos ao Senhor que sejam perseverantes na oração e no caminho do Senhor.*

(Quem preside convida à oração, dizendo:)

Presidente: *Oremos, irmãos e irmãs, para que Deus conserve estes catequizandos e os faça crescer sempre na oração.*

(Depois de um tempo de silêncio, prossegue:)

Nós vos rogamos, Senhor, que por vossa graça estes catequizandos encontrem a alegria e o consolo na sua oração cotidiana e vivam cada vez mais em união convosco. Por Cristo, nosso Senhor.

Todos: *Amém.*

(Prossegue-se com os avisos e a bênção final.)

Preces: Na Oração da Assembleia podem-se acrescentar algumas das orações pelos catequizandos, seus pais e padrinhos.

II Parte

Anexos

A seguir apresentamos uma série de artigos sobre o Ano Litúrgico, para aprendizado e aprofundamento do catequista, tendo em vista que os encontros estão profundamente relacionados com cada tempo do Calendário Litúrgico. Entendê-lo é de fundamental importância. O catequista encontrará um gráfico ilustrando a divisão do Ano Litúrgico e seis artigos abordando cada tempo do calendário da Igreja.

Anexo 1

Ano Litúrgico

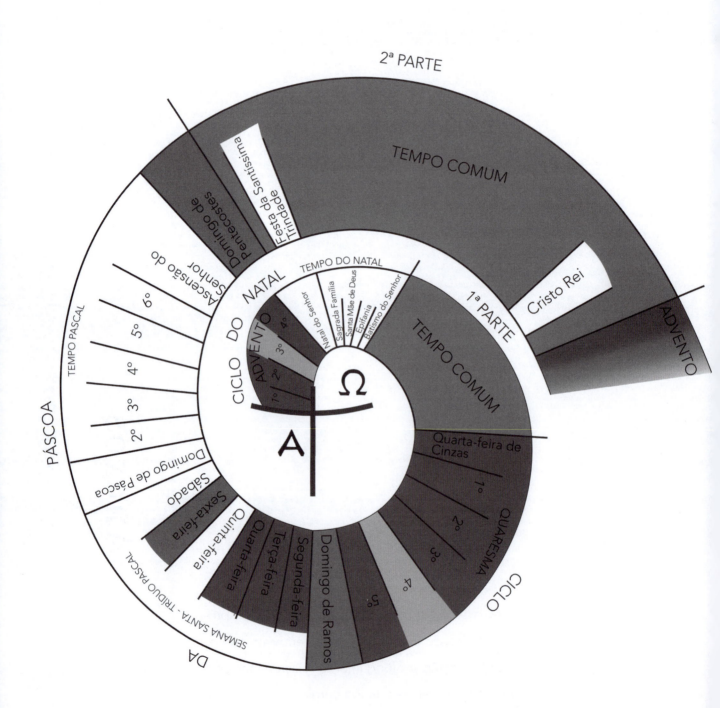

Anexo 1.1

O que é o "Ano Litúrgico"

Segundo A. Bergamini e tantos outros autores, o Ano Litúrgico não é uma ideia, um conceito antropológico ou uma simples explicação de uma maneira diferente de viver o ciclo de um ano; estas podem até constituir dimensões do mesmo, mas não defini-lo como tal. *O Ano Litúrgico é uma pessoa: Jesus Cristo.* O tempo da liturgia é o tempo de hoje onde se torna sagrada a presença de Deus nele, novamente se encarnando sob novas formas e dimensões e o tornando vivo e eficaz no meio da humanidade. O Ano Litúrgico é o mistério de Cristo celebrado e vivido na história da Igreja como "memória", "presença" e "profecia".

O Ano Litúrgico é o mistério de Cristo na vida da Igreja como **memória** porque atualiza o evento salvador de Jesus no hoje do ser humano. Potencializa a humanidade para experimentar o acontecimento salvador no seu "hoje", relembrando o que Deus fez na história, o que faz no presente e gerando a expectativa boa de futuro.

O Ano Litúrgico é o mistério de Cristo na vida da Igreja como **presença** de Jesus nos eventos cotidianos das pessoas. Gerando iluminação de fé aos crentes para relerem os fatos, acontecimentos, crises, dores, alegrias, vitórias, derrotas, conquistas e fracassos de cada um. Uma releitura positiva, pois o mistério presente não é derrotado, mas vitorioso e cheio de força: aquele da vida sobre a morte, da ressurreição sobre a cruz.

O Ano Litúrgico é o mistério de Cristo na vida da Igreja como **profecia,** porque revela uma dimensão muito importante da Igreja, às vezes esquecida, de anunciar a Boa-Nova de Jesus, seu projeto de amor e de denunciar as forças contrárias a este projeto e tudo o que desvincula o ser humano de Deus e de sua proposta de vida. A profecia tem a função de desvelar realidades mortais para o ser humano e de mostrar que não se toma este caminho, pois o caminho a ser tomado é o da vida.

Essas três dimensões do Ano Litúrgico, memória, presença e profecia do mistério de Cristo não podem ser vividas separadamente. Se assim acontecer perderá sua unidade e não manifestará sua base fundamental: a História da Salvação e a Unidade em Cristo de todo o plano de Deus.

Pe. José Humberto Motta (Pe. Beto).

MOTTA, J.H. O que é o "Ano Litúrgico". In: *Cadernos de Liturgia da Arquidiocese de Ribeirão Preto.* Ano I – Número 04 – Novembro/2008.

Anexo 1.2

O domingo

A PÁSCOA SEMANAL DOS DISCÍPULOS MISSIONÁRIOS

Esta edição dos Cadernos de Liturgia tem como tema o Ano Litúrgico. O domingo encontra suma importância dentro do ciclo litúrgico anual, pois é celebrado 52 vezes a cada ano. Nele se condensa a fonte pascal para todos os cristãos, que a cada semana são chamados a celebrar, a viver e a testemunhar o mistério da Páscoa, atualizando-o em suas vidas. No entanto, ainda é preciso redescobrir esta dinâmica da vida cristã, porque esse modo de viver em Cristo, uma vez vivido pelos primeiros cristãos, com o passar do tempo foi esvaziando o seu sentido de páscoa semanal, de tal modo que participar da missa aos domingos para muitos batizados atualmente não passa de um preceito ou até mesmo uma sentença que precisa ser cumprida.

Quanto a isso, o Papa João Paulo II, em sua Carta Apostólica *Dies Domini* exorta: "o domingo é um dia que está no âmago da vida cristã... 'Não tenhais medo! Abri, melhor, escancarai as portas à Cristo... gostaria de convidar vivamente a todos a redescobrirem o domingo': Não tenhais medo de dar o vosso tempo a Cristo!"[1]

Quando se volta o olhar para a realidade é possível perceber inúmeras dificuldades nos dias atuais. O domingo sofreu sérias deturpações impostas pelas injustiças sociais ocorridas no campo do trabalho, pelo consumismo exacerbado, pelo hedonismo e relativismo, novas águas que brotam do espírito secularista e da cultura pós-moderna, que irrigam a vida das pessoas.

Hoje em dia, muitas pessoas, seja na luta pela sobrevivência, seja pela imposição da profissão exercida, são impedidas de celebrar dignamente a Eucaristia ou a Palavra de Deus dominicalmente, a fim de buscar o sustento de cada dia e, ao mesmo tempo, uma situação social mais digna de ser vivida. Por exemplo, a indústria do riso e do lazer, os serviços de transporte, restaurantes, hotéis, e muitos outros serviços realizados no domingo.

De fato, o consumismo contribui fortemente para a deformação deste dia reservado à celebração do mistério pascal. As pessoas preferem estar nos *shoppings* ou reservá-lo para passeios turísticos, teatro, cinema, *shows*, programas como *Domingo Legal* e *Domingão do Faustão*, assistir o time do coração em grandes estádios de futebol, enfim, em tudo que se constituiu em um mero lazer e divertimento, distante dos princípios morais e da fé. O simples ócio vivido aos domingos por muitos enfraquece as razões mais sublimes das festas, dissipam os motivos para a partilha com os mais pobres e a solidariedade para com os enfermos. Tudo isso, acentuado ainda pelo hedonismo, faz com que esse dia também seja vivido sobre os pilares da superficialidade, da vulgaridade e da fugacidade.

Quando o cristão compreende desta forma o domingo, concatenado a estas características, são revelados os aspectos caricatos do relativismo latente na sociedade; por conseguinte, sua vida afasta-se da luz pascal, da qual brotam as exigências da fé e ele passa a se orientar pela escuridão da cultura pós-moderna.

Mediante tal realidade, como redescobrir o sentido do domingo e viver o eixo de nossa fé, o mistério pascal? Como romper com essa mentalidade do mundo hodierno e assumir o testemunho, o anúncio do reino e o serviço missionário?

---

[1] JOÃO PAULO II. *Carta Apostólica Dies Domini*. São Paulo: Paulinas, 1998, p. 9.

Como passar de uma vida estagnada na escuridão da cultura pós-moderna e viver o domingo, sobretudo participando da Eucaristia como momento privilegiado do encontro com Jesus Cristo, que pela luz irradiada de sua morte-ressurreição nos forma discípulos e nos envia em missão? Como tomar consciência que o domingo é o dia da educação para o discipulado e da preparação para a missão?

Assim, percebe-se que é preciso que cada um de nós descubra o profundo sentido do dia em que celebramos primordialmente a vitória de Cristo sobre a morte. O domingo através dos tempos foi sempre observado pela sua íntima ligação com o núcleo central da vida cristã, o dia da ressurreição. Assim compreendido pode ser vivido como páscoa semanal.

Os testemunhos bíblicos mais antigos sobre o domingo encontram-se na coletânea de escritos neotestamentários. Existem aqueles textos que mostram as aparições do ressuscitado no "primeiro dia da semana" (Mt 28,1; Mc 16,2; Lc 24,1.13; Jo 20,1.19) e aqueles que descrevem reuniões litúrgicas com a Proclamação da Palavra e Celebração da Eucaristia. Em 1Cor 16,2 está o relato mais antigo, embora fale de uma reunião para realizar uma coleta; em At 20,7-11 comenta sobre uma reunião para a fração do pão; por fim, em Ap 1,9-10, é usada pela primeira vez a expressão "Dia do Senhor" no Segundo Novo Testamento[2]. Logo, para as comunidades que deixaram esses testamentos, o "primeiro dia da semana" era especialmente prezado.

Outros nomes foram dados ao domingo, que por meio deles pode-se vasculhar a riqueza desse dia sagrado entre todos, como Dia da Ressurreição, Senhor dos dias, Dia do Sol, Oitavo dia etc.

Algumas fontes não bíblicas da Igreja primitiva apontam ricas e variadas noções a respeito do domingo:

a) É o dia em que a *assembleia cristã* se reúne (Inácio, Justino, Tertuliano).
b) Para que a assembleia possa reunir-se, é um dia que tem ao menos um pouco de *tempo livre* (Tertuliano, Didascália).
c) É um dia para comemorar o originário *primeiro dia* da criação (Justino, Clemente), e o *primeiro dia* da nova criação, isto é, o dia da ressurreição (Ps. Barnabé, Justino, Tertuliano, Cipriano, Orígenes) e, ao menos num caso, o dia de *Pentecostes* (Hipólito).
d) É um dia para *iniciação cristã* (Justino, Clemente, Hipólito).
e) É um dia para *ouvir a Palavra* (Justino, Orígenes, Didascália) e para a *Eucaristia* (Didaqué, Justino, talvez Plínio, Hipólito, Orígenes, Didascália).
f) É um dia para *ordenação episcopal* (Hipólito).
g) É um dia para a *reconciliação* (Didaqué, Didascália)"[3.]

Contudo, há documentos antigos que mostram que a comunidade primitiva dos cristãos entendeu o sentido e a importância de se reunir no domingo; não existia nenhuma norma ou obrigação para participar das assembleias litúrgicas dominicais. Com a realização do Concílio de Elvira no ano 302, estabeleceu-se uma norma: para aqueles que estivessem em uma cidade e não fossem por três domingos, teriam de ser excomungados por um breve período. O Concílio de Agdes prescreveu que aos domingos dever-se-ia participar da missa inteira. Durante a época carolíngia, surgiram comentários ainda mais detalhados sobre o domingo[4].

---

[2] AUGÈ, Matias. *Liturgia*: história, celebração, teologia, espiritualidade. 2. ed. São Paulo: Ave Maria, 1998, p. 288.

[3] Cf. AUGÈ. Matias, NOCENT, Adrien et al. *O ano litúrgico*: história, teologia e celebração. São Paulo: Paulinas, p. 81.

[4] AUGÈ, Matias. *Liturgia*: história, celebração, teologia, espiritualidade. 2. ed. São Paulo: Ave Maria, 1998 p. 289-290.

A legislação no Código de Direito Canônico de 1917 postulava como lei formal a obrigação de todos os fiéis católicos *ouvirem* a missa. Contudo, o Código de 1983 prevê que é obrigação dos fiéis *participarem* da missa aos domingos e festas, abstendo de toda e qualquer atividade que os impeçam de viver o Dia do Senhor[5].

O Concílio Vaticano II, especialmente o Documento *Sacrossantum Concilium*, que versa sobre a Sagrada Liturgia, diz: "Neste dia, pois, devem os fiéis reunir-se em assembleia para ouvirem a Palavra de Deus e participarem da Eucaristia, e assim recordarem a paixão, ressurreição e glória do Senhor Jesus e darem graças a Deus que 'os gerou de novo pela ressurreição de Jesus Cristo dentre os mortos para uma esperança viva' (1Pd 1,3). O domingo é, pois, o principal dia de festa que deve ser lembrado e inculcado à piedade dos fiéis: seja também o dia de alegria e abstenção do trabalho"[6].

João Paulo II, ao comentar sobre o preceito dominical, afirma que a comunidade cristã precisa ser o apoio para o crente se convencer da importância de celebrar juntamente com seus irmãos, na graça do Batismo, o sacramento da Nova Aliança, a Páscoa[7].

Portanto, para o cristão, que pelo Batismo é sepultado com Cristo na morte, para viver Nele uma vida nova pela sua ressurreição gloriosa dada pelo Pai[8], é preciso toda semana dedicar-se na escola do discipulado ouvindo e partilhando a Palavra, robustecer-se com o dom da Eucaristia e a força do Espírito, preparando-se para a missão que novamente é retomada, na vida familiar, no trabalho, para os jovens e as crianças na escola, na relação com os amigos; enfim, na realidade do dia a dia, em todos lugares onde haja a convivência humana.

Ione Buyst explica claramente esta relação ao dizer que a celebração do domingo situa-se na dupla perspectiva: o cristão *celebra* a Eucaristia na presença do Cristo Ressuscitado e por Ele é *enviado* em missão para edificação do Reino. A edificação do Reino acontece pelas mãos do discípulo missionário, acompanhado pelo Espírito, configurando sua vida ao programa missionário de Jesus (Lc 4,18-19)[9].

O *Documento de Aparecida*, que aos poucos precisa ser conhecido pelo povo, reconhece a real importância do preceito dominical e assinala duas considerações: "*viver* segundo o domingo" e promover a "pastoral do domingo". A primeira deseja que a *vivência* do domingo não consista apenas em uma simples tarefa, mas sim uma necessidade interior de todos que fazem parte da família cristã. Com efeito, somente quando a comunidade paroquial participa ativamente da Eucaristia e das festas de preceitos da Igreja, que se transforma em uma fonte geradora de discípulos missionários maduros. A segunda sugere que se promova, a fim de que haja um novo impulso na evangelização, a pastoral do dia do Senhor, conferindo a ela prioridades nos programas pastorais[10].

Assim, torna-se urgente que nós, não obstante as dificuldades de hoje, saibamos redescobrir que todo *primeiro dia da semana*, como o *Dia do Senhor*, pela celebração do memorial da morte-

---

[5] CÓDIGO DE DIREITO CANÔNICO. São Paulo: Loyola, 1983, cân. n. 1247.
[6] CONCÍLIO VATICANO II. Sacrossanctum Concilium, n. 106.
[7] JOÃO PAULO II. Carta Apostólica *Dies Domini*, p. 55.
[8] Rm 6,4.
[9] BUYST, Ione. "Discípulos e discípulas de Jesus, missionários e missionárias do Reino". In: *Liturgia de Mutirão*: subsídios para a formação. Brasília: Ed. CNBB, 2007, p. 26-27.
[10] *Documento de Aparecida*, n. 252.

-ressurreição de Cristo, é renovada a graça batismal que nos fez filhos no Filho de Deus[11]. E que a Eucaristia, ligada às inúmeras celebrações da Palavra nas comunidades que não têm padre, consiste na celebração primordial do domingo[12], fonte inesgotável da vocação cristã e fonte inextinguível do impulso para a vida missionária[13]. Precisamos viver intensamente esta nossa páscoa semanal, que nos oferece gratuitamente a luz da Palavra e a força eucarística para o discipulado e a missão da Igreja, e, além disso, com a nossa vida proclamar: *Este é o dia que o Senhor fez para nós: alegremos e nele exultemos*[14].

Sem. Juliano Gomes

GOMES, J. "O domingo: a páscoa semanal dos discípulos missionários". In: *Cadernos de Liturgia da Arquidiocese de Ribeirão Preto*. Ano I – Número 04 – Novembro/2008.

---

[11] Gl 3,26.
[12] CNBB. *Animação da vida litúrgica no Brasil*, n. 114.
[13] *Documento de Aparecida*, n. 251.
[14] Sl 118,24.

Anexo 1.3
Advento: Tempo de esperar com esperança!

Com o Advento tem início o Ano Litúrgico em nossa Igreja Católica. Vejamos, um pequeno traço de sua história e o seu significado segundo o Dicionário de Liturgia: "As verdadeiras origens do Advento são incertas e as notícias que nos chegaram são escassas. É necessário distinguir elementos relativos a práticas ascéticas de outros de caráter propriamente litúrgico: um Advento como tempo de preparação ao Natal e um Advento que celebra a vinda gloriosa de Cristo (Advento escatológico). O Advento é tempo litúrgico típico do Ocidente; o Oriente tem somente uma breve preparação de poucos dias para o Natal. Temos notícias do Advento desde o século IV, e este tempo se caracteriza tanto em sentido escatológico quanto como preparação ao Natal. Sobre o significado originário do Advento, por isso, muito se tem discutido, preferindo alguns optar pela tese do Advento natalício, outros pela tese do Advento escatológico. A reforma litúrgica do Vaticano II quis, intencionalmente, conservar ambos os caracteres de preparação para o Natal e de espera da segunda vinda de Cristo"[15].

É um tempo de grande esperança que leva à reflexão sobre a origem da vida, onde se aguarda com grande convicção a vinda do Salvador que mudará as trevas em luz e fará transparecer o rosto do Pai aqui na terra. Quem tem esperança, tem vida; e, se tem vida, tem esperança, esperança esta concedida à humanidade por Deus Pai. O Advento é o tempo litúrgico no qual é lembrada a grande verdade da história como lugar da atuação do plano salvífico de Deus. "O Tempo do Advento possui dupla característica: sendo um tempo de preparação para as solenidades do Natal, em que se comemora a primeira vinda do Filho de Deus entre os homens, é também um tempo em que, por meio dessa lembrança, voltam-se os corações para a expectativa da segunda vinda de Cristo no fim dos tempos. Por este duplo motivo, o Tempo do Advento se apresenta como um tempo de piedosa e alegre expectativa"[16].

O tempo atual é marcado pela modernidade e pelo consumismo, e com isso se perde a esperança de esperar quem está para chegar, uma vez que a rotina do dia a dia consome a todos pelo trabalho, comércio, aquisição de bens materiais etc. Com o Tempo do Advento acende-se a chama da vinda do Salvador em nossas casas, comunidades, locais de trabalho e escolas, pois este é um tempo de piedosa e alegre expectativa que dá forças e profunda esperança na vinda do Emanuel. O melhor da festa é esperar por ela, e com o Advento espera e prepara a natividade do Senhor na qual virá transparecer o rosto de Deus na terra. Não precisa ter pressa, mas precisa ter cuidado. Como dito acima, a humanidade vive em um mundo moderno e é bom deixar o Advento ser Advento e o Natal ser Natal; sendo que isso às vezes não acontece nas comunidades e casas, pois as pessoas têm pressa para enfeitar tais locais com símbolos consumistas e esquecem da profunda espiritualidade e mística que o Advento traz. "É preciso tomar cuidado de não abortar o Advento ou celebrá-lo superficialmente. Este cuidado nos levará a não antecipar o Natal, seja fazendo celebrações natalinas antes do previsto, seja usando ritos próprios da festa. Se cantamos "Noite Feliz" no dia 15 de dezembro, o que iremos cantar na noite do dia 24 para 25? Mas também não podemos celebrar o Advento como se Cristo ainda não tivesse nascido. A longa noite da espera terminou. O mundo já foi redimido, embora a história continue..."[17]

Como a Festa da Páscoa, o Natal recebeu também um tempo de preparação, cujo nome é Advento. Tempo este que transmite expectativa, conversão e esperança: "**expectativa** – memória da primeira e

---

[15] DICIONÁRIO DE LITURGIA. São Paulo: Paulinas, 1992, p. 12.

[16] ADAM, Adolf. *O Ano Litúrgico*. São Paulo: Paulinas, 1982, p. 131-132.

[17] CONFERÊNCIA NACIONAL DOS BISPOS DO BRASIL. *Liturgia em mutirão, subsídios para a formação*. Brasília: Edições CNBB, 2007, p. 51-52.

humilde vinda do Senhor em nossa carne mortal; expectativa-súplica da última vinda de Cristo, Senhor da história e Juiz universal. **Conversão**, à qual frequentemente a Liturgia deste tempo convida pela voz dos profetas e, sobretudo, de João Batista: "Convertei-vos, pois o Reino dos Céus está próximo" (Mt 3,2). **Esperança** jubilosa de que a salvação já realizada por Cristo (cf. Rm 8,24-25) e as realidades da graça já presentes no mundo cheguem à sua maturidade e plenitude, quando a promessa se transformará em posse, a fé em visão e "nós seremos semelhantes a Ele e o veremos assim como Ele é" (1Jo 3,2)[18]. É bom lembrar que isso não significa que os outros tempos não possuem este espírito de expectativa, conversão e esperança. Cada tempo celebrado tem a sua espiritualidade própria. Se um povo vive em alegre esperança, isso deveria ser fortemente visível no Tempo do Advento.

A liturgia deste período foi concebida para despertar nas pessoas sentimentos de esperança, conversão e jubilosa expectativa. "O conteúdo das leituras, especialmente do Evangelho, focaliza para os domingos um tema específico em cada um dos três ciclos litúrgicos: a vigilância na espera de Cristo (primeiro domingo); um urgente convite à conversão, contido na pregação de João Batista (segundo domingo); o testemunho dado a Jesus pelo seu precursor (terceiro domingo); anúncio do nascimento de Jesus a José e Maria (quarto domingo)"[19]. Com isso, a Igreja convida a viver uma profunda espiritualidade e leva, ao mesmo tempo, a um intenso espírito de expectativa da vinda do Salvador. Não se espera qualquer pessoa, se aguarda o Menino Deus que trará a salvação da humanidade. Por isso, quando se canta nas celebrações "Vem, Senhor, vem nos salvar! Com teu povo vem caminhar!", a humanidade confia a sua vida em um Deus que irá caminhar com ela, que lhe trará esperança e libertação. Um Deus simples feito homem como nós, mas de tal poder que dá forças às pessoas para lutar por um novo céu e uma nova terra.

Um dos símbolos que marcam este tempo é a Coroa do Advento. É uma expressão visual de esperança e do anseio da Igreja nesse período. "A coroa ou guirlanda do advento é o primeiro anúncio do Natal, começa a aparecer no início do Advento. A coroa, como o próprio nome indica, é uma guirlanda verde, sinal de esperança e vida, enfeitada com uma fita vermelha, que simboliza o amor de Deus que nos envolve, e também a manifestação do nosso amor, que espera ansioso o nascimento do Filho de Deus"[20]. Composta de quatro velas acesas uma por cada domingo do Advento e o que expressa é o acendimento progressivo da esperança e a vinda paulatina da Luz até o resplendor do Natal. Por que as famílias não preparam uma coroa em suas casas? A família, reunida no domingo, dia do Senhor, envolta da mesma, demonstrando sua expectativa e acompanhando junto com a Igreja a chegada do Menino Deus. Com esta proposta assumimos a coroa do advento como sinal do futuro, o futuro que o Menino irá trazer para toda a humanidade. E pensa-se neste tempo também o futuro a ser vivido pelo cristão, pelo grupo de pessoas reunidas na celebração: um futuro feito de amor a Deus e de amor ao próximo.

Ao longo de todo o Tempo do Advento também é perceptível a presença da Virgem Maria. Seu papel na manifestação do plano de Deus é importantíssimo. A cena mais presente na Igreja durante o Advento é a anunciação, onde Maria dá o seu "sim" a Deus, garantindo a salvação da humanidade. Diante desta cena o ato de fé que Maria teve, dizendo sim à proposta de Deus, acontece uma maternidade divina como fruto de uma fé obediente. Maria está presente durante todo o Advento, de maneira especial no período final que vai do dia 17/12 a 24/12. Também pode-se chamar este período de "semana santa do Natal". Nesta semana, aumentamos nossas esperanças e expectativas, aguardando a vinda de seu Filho que irá nos revelar o rosto do Pai. "O Advento é o tempo da

---

[18] CONGREGAÇÃO PARA O CULTO DIVINO E A DISCIPLINA DOS SACRAMENTOS. *Diretório sobre Piedade Popular e Liturgia, Princípios e Orientações*. 2. ed. São Paulo: Paulinas, 2005, p. 92-93.

[19] BERGAMINI, Augusto. *Cristo, Festa da Igreja, o Ano Litúrgico*. São Paulo: Paulinas,1994, p.180.

[20] MACARI. *O Natal e seus símbolos*. São Paulo: Paulinas, 1981, p. 4-5.

esperança, e invocamos Nossa Senhora como *Mater spi*, mãe da esperança. Ela é a esperança da Igreja e de cada membro da Igreja. No seu presente estado de glória, perfeitamente unida de corpo e alma com o Senhor, vemos a que altura também nós somos chamados. Nas palavras do Vaticano II: 'Nela a Igreja admira e destaca o fruto mais excelente da redenção e jubilosamente contempla como imagem irrepreensível aquilo que ela mesma deseja e espera ser'. Em outra passagem declara que 'até que venha o Dia do Senhor, ela é certamente o sinal resplandecente de esperança e de conforto para o povo de Deus na sua peregrinação'"[21].

O profeta que mais ressoa neste tempo é Isaías. Ele é um dos profetas messiânicos, precursor do Evangelho que afirma o plano de salvação de Deus e não exclui nenhuma raça ou nação. Em Isaías encontramos paz, segurança, fidelidade e justiça: frutos que se tem com a vinda do Messias. Na liturgia, as palavras deste profeta vêm encorajar a humanidade, afirmando que, com a vinda do Messias, esta encontrará paz e as dores e aflições momentâneas serão superadas com a sua vinda.

São João Batista é muito proeminente no Advento e faz um grande apelo à conversão. Com este apelo, João faz um convite à humanidade para deixar as limitações e a mudar de vida preparando os caminhos do Senhor. "Já chegou a hora de acordar, pois nossa salvação está mais próxima agora do que quando abraçamos a fé. A noite avançou e o dia se aproxima. Portanto, deixemos as obras das trevas e vistamos a armadura da luz. Como de dia, andemos decentemente; não em orgias e bebedeiras, nem em devassidão e libertinagem, nem em rixas e ciúmes. Mas vesti-vos do Senhor Jesus Cristo e não procureis satisfazer os desejos da carne" (Rm 13,11-14).

Advento, um tempo simples que aproxima as mulheres e os homens da perfeição, tempo de compromisso com os mais necessitados.

Uma comunidade em Advento é aquela que está voltada para os pobres, cujos membros são analfabetos, sem teto, desempregados e excluídos da sociedade. Deve-se demonstrar que a Igreja e os cristãos são partes de estruturas políticas e sociais que têm muito a fazer para que o Senhor se manifeste como aquele que há de vir. Pois uma comunidade egoísta não está preparada para a vinda do Senhor. Preparar-se para o Advento é ser capaz de deixar os próprios interesses, negócios, casa, bens, para dedicar-se aos outros como fez Maria com sua prima Isabel.

Espera-se com esperança o Salvador e desde já a humanidade clama: "Vem, Senhor Jesus!"

"Pois nossa salvação é objeto de esperança; e ver o que espera, não é esperar. Acaso alguém espera o que vê? E se esperamos o que não vemos, é na perseverança que o aguardamos" (Rm 8,24-25).

Sem. Alessandro Daniel Tenan

TENAN, A.D. Advento: Tempo de esperar com esperança. In: *Cadernos de Liturgia da Arquidiocese de Ribeirão Preto*. Ano I – Número 04 – Novembro/2008.

"No princípio era o Verbo e o Verbo estava com Deus e o Verbo era Deus. No princípio, Ele estava com Deus.
Tudo foi feito por meio dele e sem Ele nada foi feito.
O que foi feito nele era a vida, e a vida era a luz dos homens;
e a luz brilha nas trevas, mas as trevas não a apreenderam" (Jo 1,1-5).

---

[21] RYAN, Vincent. *Do Advento à Epifania*. São Paulo: Paulinas, 1992, p. 30-31.

Anexo 1.4
Natal: A Luz resplandeceu e o Verbo chegou!

No princípio era o Verbo e o Verbo estava com Deus e o Verbo era Deus. No princípio, Ele estava com Deus.
Tudo foi feito por meio dele e sem Ele nada foi feito.
O que foi feito nele era a vida, e a vida era a luz dos homens;
e a luz brilha nas trevas, mas as trevas não a apreenderam" (Jo 1,1-5).

O que mais vemos no período do Natal é uma exploração comercial da festa, onde muitos se renderam a um total comércio e aproveitam o máximo para lucrar em cima desta data. Vivemos em uma sociedade de consumo que identifica o Natal com compras e preocupações com presentes, viagens de final do ano, como gastar o 13° salário após trabalhar o ano todo. Não que isso não seja merecido, pois o que possuímos é fruto do nosso esforço e trabalho. Aos poucos percebemos que o Natal tem perdido a sua espiritualidade e a sua importância em nossa sociedade, porque quanto mais temos, mais queremos ter. Diante desta realidade em que vivemos podemos nos perguntar: Que sentido tem o Natal para nós? Como fazer a experiência da sua mistagogia? Qual importância se dá ao celebrar a natividade do Senhor? Estas são perguntas que acompanham a vida cristã, e cabe a nós refletirmos se temos respondido aos propósitos que a Igreja e a Liturgia nos oferecem.

O Tempo do Natal envolve praticamente duas semanas, tem início na noite do dia 24 de dezembro e termina no Domingo da solenidade da Epifania do Senhor.

A celebração do Natal do Senhor prolonga-se por oito dias denominados "Oitava do Natal" (como se fosse um único dia). Dentro deste tempo celebramos algumas festas e solenidades, como: a **Festa da Sagrada Família**, que nos recorda a pessoa de José, de Maria e do Menino Jesus, quando recordamos muitas circunstâncias de nossa vida tomando como exemplo o nosso núcleo familiar contraposto ao modelo da Família de Nazaré. A **Solenidade de Santa Maria Mãe de Deus** recorda-nos a sua maternidade e virgindade como algo salvífico para a humanidade, pois, por meio chela, recebemos o Autor da vida. Nesta mesma solenidade destacamos o início do Ano Civil e o Dia Mundial da Paz, onde colocamos o nosso "ano-novo" sob o senhorio de Cristo e pedimos a paz para o nosso novo ano. "Entre as saudações que os homens e mulheres trocam no dia 1° de janeiro emerge a saudação da paz. A saudação da paz tem profundas raízes bíblicas, cristológicas, natalícias; o bem da paz é sumamente invocado pelos homens de todos os tempos, que também atentam contra ele frequentemente, do modo mais violento e destruidor: a guerra"[22]. A **Solenidade da Epifania do Senhor.** Epifania é um termo de origem grega que significa "manifestação". Esta manifestação apresenta Jesus à humanidade como o Messias que trará a salvação oferecida a todos os povos, sendo Ele a Luz do Universo que irá iluminar e guiar os passos da humanidade. Dentro da oitava são incluídos os dias 26, 27 e 28 de dezembro, as festas de Santo Estêvão, de São João Evangelista e dos Santos Inocentes.

A Festa do Natal do Senhor tem uma profunda e importante ligação com a Páscoa, podendo até dizer que as duas são inseparáveis. Neste pequeno tempo litúrgico se celebra o nascimento de Jesus, sua entrega total até a morte na cruz e sua vitória sobre o mal. Com o Natal damos início ao

---

[22] CONGREGAÇÃO PARA O CULTO DIVINO E A DISCIPLINA DOS SACRAMENTOS. *Diretório sobre Piedade Popular e Liturgia, Princípios e Orientações.* 2. ed. São Paulo: Paulinas, 2005, p. 106-107.

ciclo da nossa fé cristã, onde celebramos o nascimento do Senhor e recordamos a sua paixão, morte e ressurreição.

O Natal não é a celebração do aniversário de Jesus, pois não se sabe a data exata em que Jesus nasceu. Neste dia se celebra a encarnação do Verbo de Deus. Alguns pesquisadores afirmam que na parte norte do mundo o dia 24 de dezembro é o dia mais curto do ano e que, segundo a tradição antiga, neste dia, ao cair da noite, os romanos celebravam a Festa do Sol Invencível, que, após um período em que a sua presença no céu vinha diminuindo, passa agora a aumentar gradativamente. Com isso, a Igreja cristã assumiu essa festa e a transformou na celebração do nascimento de Jesus, "Sol nascente que vem do alto para iluminar a todos os que estão nas trevas" (Lc 1,78-79). Colocando a Festa do Natal em 25 de dezembro houve a possibilidade de cristianizar a sociedade da época; com esta data a Igreja quis dar um sentido novo a esta festa, apresentando Jesus Cristo como o verdadeiro Sol que ilumina, com a sua luz, o mundo, guiando a humanidade. "[...] 25 de dezembro não é historicamente dia do nascimento de Cristo, apesar da afirmação contrária de alguns autores antigos. Essa data é indicada por antiga tradição, segundo a qual Jesus teria sido concebido no mesmo dia e mês em que depois seria morto, isto é, no dia 25 de março; consequentemente, o seu nascimento teria acontecido em 25 de dezembro. Considera-se, porém, que essa tradição não determinou a origem da festa, mas foi apenas uma tentativa de explicação, fruto de misticismo astrológico, muito em voga na época" [23].

Alguns símbolos marcam o Tempo do Natal: o *presépio*, montado por São Francisco de Assis em 1223, destacado no artigo sobre o Espaço Litúrgico deste volume, nos traz e nos faz sentir profundamente a mensagem do Natal ao mesmo tempo, penetra em nós os ensinamentos que constituem a doutrina de Jesus como: pobreza, simplicidade, fé e humildade, sendo para nós um conjunto de ensinamentos para a nossa vida cristã. A *Estrela de Natal*, com suas quatro pontas representam as quatro direções da terra: Norte, Sul, Leste e Oeste, de onde vêm os homens para adorar o Filho de Deus. Os *sinos* comunicam a alegria e querem significar que estamos felizes com a vinda do Emanuel que nos traz a libertação. A *ceia de Natal* nos remete à partilha da nossa vida, que é Cristo, o Filho de Deus que estamos festejando.

Em Cristo nós nos reunimos e temos a vida, esta refeição nos lembra a Última Ceia de Jesus, onde Ele próprio se deu a nós como alimento para ficar conosco através da Eucaristia. A *árvore de Natal* é o símbolo da vida, enfeita e prepara o ambiente para receber a verdadeira vida, que é Cristo. O *Papai Noel*, tem a sua origem na veneração muito antiga de São Nicolau, que saía à noite para socorrer os mais pobres. A imagem do bom velhinho nos remete à sensibilidade diante do espírito de caridade que nos envolve nesse tempo, mostrando o sinal da partilha e o compromisso que se deve ter com os mais necessitados. As *velas* que durante todo o Advento aguardam a vinda do Filho de Deus acendendo a coroa, com seu nascimento simbolizam a sua presença no mundo e expressam a nossa fé em Jesus e nosso empenho em viver com Ele na sua luz.

Com a chegada do Verbo, Deus se revela no mundo com simplicidade. Jesus é a revelação viva de Deus. Sendo o Filho do Deus vivo, somente Ele conhece o Pai e pode revelá-lo. Pela revelação, Deus rompeu o seu silêncio, manifestou-se e chamou os homens à comunhão com Ele. "O Verbo eterno de Deus criador, subsistindo na condição de Deus, abaixa à condição de um simples ser humano feito servo de todos e, desta maneira, vem nos resgatar a cidadania divina que havíamos perdido... O Verbo eterno se faz nosso irmão e, desta maneira, podemos agora sentir Deus como nosso 'parente' mais próximo, ou seja, nosso Pai. Consequentemente, na qualidade de filhos e filhas de Deus, senti-

---

[23] BERGAMINI, Augusto. *Cristo, Festa da Igreja, o Ano Litúrgico*. São Paulo: Paulinas, 1994, p.196.

mo-nos também 'parentes', os mais próximos, uns dos outros, irmãos e irmãs, irmanando-nos todos na busca da paz. E então cantamos: 'Glória a Deus nas alturas e paz na terra aos homens por Ele amados' (Lc 2,14)"[24]. Com a vinda de Jesus Cristo, Deus quis revelar o que estava oculto, usando da condição humana para estar no meio da humanidade, gerado e nascido do seio de uma mulher. Jesus Cristo viveu em tudo a condição humana, exceto o pecado.

A manifestação do Senhor nos leva a uma participação na vida divina. A espiritualidade deste tempo é a espiritualidade de adoção da humanidade como filhos e filhas de Deus. A liturgia deste tempo faz um convite para viver Cristo na humildade, pobreza e obediência, uma vez que a graça do Natal exige uma resposta de comunhão fraterna para viver seu amor. "Deus, em sua bondade e sabedoria, revela-se ao homem. Com ações e palavras revela a si mesmo e a seu desígnio benevolente, que deste toda a eternidade preestabeleceu em Cristo a favor dos homens. Esse desígnio consiste em fazer com que, pela graça do Espírito Santo, todos os homens participem da vida divina, como seus filhos adotivos no seu único Filho"[25].

Não temos ouro, incenso e mirra para oferecer ao Senhor, mas temos a esperança de que, com a sua vinda a nossa vida será mais plena de paz e salvação.

Que este pequeno tempo faça a humanidade enxergar e reconhecer a sua grande importância. Que o Menino Deus traga a luz que vem do alto e dê a todos a capacidade de entender este tão grande mistério da revelação.

Ao contemplar a simplicidade com que o Filho do Homem veio visitar a humanidade, se tome consciência de que Ele está conosco!

Sem. Alessandro Daniel Tenan

TENAN, A.D. Natal: A Luz resplandeceu e o Verbo chegou! In: *Cadernos de Liturgia da Arquidiocese de Ribeirão Preto*. Ano I – Número 04 – Novembro/2008.

---

[24] CONFERÊNCIA NACIONAL DOS BISPOS DO BRASIL. *Liturgia em mutirão*: subsídios para a formação. Brasília: Edições CNBB, 2007, p. 57.
[25] COMPÊNDIO DO CATECISMO DA IGREJA CATÓLICA. São Paulo: Loyola, 2005, p. 22.

Anexo 1.5

Tempo da Quaresma e da Páscoa

1. TEMPO DA QUARESMA

Ainda que não saibamos exatamente as origens do Tempo da Quaresma, é certo que no século IV existia um tempo preparatório para a Páscoa, que se ligava ao imediato período que a precedia, e que, desde o século II, era marcado pela penitência e pelo jejum.

Esse tempo consistia em uma quarentena (significado bíblico) e ela vai desenvolvendo-se a partir da prática penitencial que preparava os pecadores para a reconciliação na manhã do Sábado Santo e, sobretudo, da necessidade do catecumenato, que preparava os catecúmenos para o Batismo na noite pascal. No início a Quaresma foi, portanto, de caráter batismal e catequético (aprofundamento da Palavra). Mais tarde predomina o caráter penitencial (abstinência, jejum e penitência).

O Vaticano II e sua reforma litúrgica organiza a Quaresma, fixando-a da Quarta-feira de Cinzas até a Quinta-feira Santa (antes da Missa da Ceia do Senhor).

Para entender a Quaresma é preciso partir do Mistério Pascal de Cristo. Nele, Cristo doa-se plenamente a nós, lavando-nos com seu sangue, purificando-nos com sua graça, santificando-nos com seu amor e tornando-nos agradáveis a Deus, participantes da sua entrega total ao Pai. Nosso jejum, nossa penitência, nossa oração, nossa esmola, são sinais da nossa participação no mistério de Cristo.

A espiritualidade quaresmal está marcada por três elementos fundamentais[26]:

Caridade – se praticamos obras de caridade, se damos esmolas, não é para demonstração exterior da nossa bondade, mas sempre participação sacramental na benignidade de Deus, que sendo rico se fez pobre em Cristo, por amor de cada um, e nos cumulou de graça sobre graça, dando-nos a si próprio (insuperável dom da sua própria vida divina que nos é participado no Mistério Pascal). É entendida fundamentalmente como misericórdia aos necessitados e reconciliação com os irmãos.

Oração – se rezamos é por meio de Cristo que o fazemos. É Ele que reza em nós pelo Espírito Santo. É Ele quem ensina e faz a perfeita oração: fazer a vontade do Pai, oferecer integralmente o coração sem reservas e condicionamentos, cumprir com a liberdade do amor a vontade do Pai, sem dela afastar-se, mesmo quando ela nos leva onde não queremos e onde aparentemente não suportamos.

Penitência (jejum) – se fazemos penitência não é para angariar méritos e comprar a graça, que é impagável, mas sim para participarmos sacramentalmente do sofrimento daquele que, sendo inocente, se fez pecado, e, por isso foi castigado, punido e abandonado por Deus, provando a solidão da morte.

Na penitência, que é antes de tudo solidariedade, participamos do sofrimento de Cristo e da paixão do mundo, e experimentamos a doçura escondida e misteriosa do sofrimento de Cristo. Assim somos convidados, pela liturgia da Palavra dos domingos, a reviver as grandes etapas da marcha da humanidade até a Páscoa de Cristo. Vejamos uma síntese da liturgia dos domingos segundo Pablo Argárate[27]:

- Primeiro domingo: teremos as alianças originais (a queda, a aliança com Noé, a Profissão de Fé do povo eleito) – tentação de Jesus.
- Segundo domingo: centrado em Abraão (a vocação de Abraão, o sacrifício de Isaac, a aliança de Deus com Abraão) – transfiguração de Jesus.

---

[26] Cf. BERGAMINI, Augusto. *Cristo, festa da Igreja*: o Ano Litúrgico. São Paulo: Paulinas, 1994, p. 282-283.
[27] Cf. ARGÁRATE, Pablo. *A Igreja celebra* Jesus Cristo. São Paulo: Paulus, 1997, p.173-174.

- Terceiro domingo: centrado em Moisés (Moisés golpeia a rocha, a Lei dada a Moisés, Deus revela seu nome a Moisés).
- Quarto domingo: centrado no povo de Deus que vive na terra santa (Davi, o exílio, e o retorno, a Páscoa da terra prometida) – (A) cura do cego de nascença; (B) encontro de Jesus com Nicodemos: Deus enviou seu Filho ao mundo para que o mundo seja salvo por ele; (C) o Pai espera a volta do filho.
- Quinto domingo: centrado nos profetas (Ezequiel, Jeremias e Isaías) – (A) Ressurreição de Lázaro; (B) se o grão de trigo cair na terra e morrer, produzirá muitos frutos; (C) Quem não tiver pecado atire a primeira pedra.
- Os evangelhos nos convidam à conversão, ao revelar a misericórdia de Deus.
- É importante observar que o *Lecionário* nos propõe três itinerários: uma quaresma batismal (ano A); uma quaresma cristocêntrica (ano B); uma quaresma penitencial (ano C)[28].

E então chegaremos à Páscoa. Entraremos com Jesus em Jerusalém. Lembraremos dos nossos "hosanas" e dos nossos gritos de "crucifica-o". Seremos recebidos no aconchego do seu cenáculo e mergulharemos na noite de sua agonia, provaremos seu abandono e recordaremos nossa covardia.

E depois, ao fim do terceiro dia, escavaremos na rocha do sepulcro e beberemos da água da vida e a luz da ressurreição nos recriará "neste dia que o Senhor fez para nós".

A cor litúrgica deste tempo é o roxo, um convite à conversão, à penitência e à fraternidade. No 4º domingo pode-se usar o rosa por causa da antífona de entrada, que convida: "Alegra-te, Jerusalém...", é também chamado domingo *Laetare* (alegria).

2. SEMANA SANTA

A Semana Santa merece ser vivida em clima de oração pessoal, esforço de conversão e maior dedicação fraterna. Do Domingo de Ramos até a Quinta-feira Santa completamos o grande retiro quaresmal, experimentado desde a Quarta-feira de Cinzas. Com a missa da Ceia do Senhor na Quinta-feira à tarde iniciamos o Tríduo Pascal da morte e ressurreição de Jesus. O cume de todas as celebrações é a Vigília Pascal na noite do sábado, madrugada do domingo. Esta vigília se desdobra na alegria do Domingo da Ressurreição e nos cinquenta dias do tempo pascal, o Pentecostes sagrado, que é considerado como que um único e grande domingo.

Também para a comunidade cristã a Quaresma constitui-se em peregrinação a Jerusalém, isto é, à morte e ressurreição de Cristo. A Quaresma, portanto, é um novo êxodo, um retorno do exílio para Jerusalém, ou seja, para a Páscoa de Cristo, que nos edifica como Igreja.

Seguindo este itinerário, chega-se com fé mais iluminada à Semana Santa ou "Grande Semana". São dias em que a liturgia segue, passo a passo, os últimos acontecimentos da vida terrena de Jesus. Assim nos ensina o Papa Paulo VI: "Se há uma liturgia, que deveria encontrar-nos todos juntos, atentos, solícitos e unidos para uma participação plena, digna, piedosa e amorosa, esta é a liturgia da grande semana. Por um motivo claro e profundo: o Mistério Pascal, que encontra na Semana Santa a sua mais alta e comovida celebração, não é simplesmente um momento do Ano Litúrgico; ele é a fonte de todas as outras celebrações do próprio Ano Litúrgico, porque todos se referem ao mistério da nossa redenção, isto é, ao Mistério Pascal"[29].

---

[28] Cf. BERGAMINI, Augusto. *Cristo, festa da Igreja*: o Ano Litúrgico. São Paulo: Paulinas, 1994, p. 268.
[29] PAULO VI. "Sermão da quarta-feira". In: *Encicliche e discorsi*. Vol. IX. Roma: Edizioni Paoline, 1996, p. 368.

2.1 Domingo de Ramos

Em Jerusalém, por volta do século IV, pensou-se em reproduzir o mais exatamente possível a entrada de Jesus na Cidade Santa. Assim descreve a peregrina Etéria em seu *Itinerarium*:

> "[...]Ao aproximar-se a décima primeira hora (dezessete horas), lê-se aquele passo do evangelho onde as crianças vieram ao encontro do Senhor com ramos e palmas, dizendo: Bendito o que vem em nome do Senhor. Imediatamente se levantam o bispo e todo o povo e, depois, vai-se dali ao cimo do Monte das Oliveiras, todos a pé. De facto, todo o povo vai à frente do bispo, cantando hinos e antífonas e repetindo sempre: Bendito o que vem em nome do Senhor. [...] Quando se chega, embora seja tarde, faz-se, contudo, o lucernário; a seguir faz-se de novo uma oração junto à cruz, e despede-se o povo"[30].

É interessante notar que inicialmente esta celebração não está ligada à celebração eucarística. Por um longo período esta celebração foi celebrada a critério do local, pois não era uma celebração oficial. Passou a ser oficial com o Pontifical romano-germânico do século X e a sua introdução em Roma por volta do século XI, tornando-se assim um costume.

Com a renovação trazida pelo Concílio Vaticano II, foi restaurada a ordem dos domingos da Quaresma. Na segunda metade do século VII, o quinto domingo da Quaresma começou a chamar-se primeiro domingo da Paixão, e o domingo anterior à Páscoa, segundo domingo da Paixão ou Domingo de Ramos. O Concílio Vaticano II recolocou em vigor o quinto domingo da Quaresma, que se tornou, no ciclo A, o domingo de Lázaro. O domingo antes da Páscoa se chama agora *Dominica in Palmis* ou *De Passione Domini* (Domingo da Paixão). Por isso, a cor litúrgica para este dia é o vermelho que lembra a paixão do Senhor.

O Domingo da Paixão, em Roma, era como que uma visão panorâmica de tudo o que iria celebrar em detalhes durante a semana seguinte.

Recordando a entrada de Jesus empunhamos ramos "de oliveira". É importante lembrar que esses ramos bentos servirão para preparar as cinzas da Quarta-feira de Cinzas e eles não são amuletos para serem queimados nos dias de tempestade, mas "sinal do amor infinito de Jesus por nós, e ao mesmo tempo, um sinal de nosso compromisso com Ele"[31].

2.2 De Segunda a Quarta-feira Santa

A celebração da Segunda a Terça-feira Santa não remete aos primeiros tempos da Igreja. No entanto, também estes dois dias tiveram seu formulário de missa que se pode ler no Sacramentário Gelasiano.

Na Segunda-feira Santa, a presença de Lázaro, a quem Jesus ressuscitara, presença comum às igrejas do Oriente, marca forte anúncio da própria ressurreição do Senhor.

Na Terça-feira Santa: há correntes de estudiosos que acreditam ter sido na terça-feira que Jesus fez a ceia com seus discípulos. Ainda que na liturgia celebremos este fato na quinta-feira, já na terça-feira o Evangelho nos situa nessa santa ceia e nos confronta com a posição tomada por cada um dos apóstolos diante de Jesus.

---

[30] Cf. ETÉRIA. Peregrinação. In: *Antologia litúrgica*: textos do primeiro milénio, p. 454.
[31] BORTOLINI, José. *Quaresma, Páscoa e Pentecostes*. São Paulo: Paulus, 2008, p. 21.

A quarta-feira, porém, foi um dia de celebração, pelo menos da celebração da palavra. Em vários documentos encontram-se para este dia duas celebrações: uma sinaxe (orações solenes) de manhã e uma missa ao anoitecer.

Antigamente, a quarta-feira chamava-se "quarta-feira das trevas", porque, à noite, começava o ofício assim chamado e que a Igreja rezava durante o Tríduo sacro. Atualmente, é dia apropriado para o sacramento da penitência, para a visita e ajuda fraterna aos doentes. A Eucaristia e as orações pedem perseverança e firmeza nos momentos difíceis da missão. Em muitos lugares realizam a procissão do encontro, isto é, os homens caminham acompanhando a imagem do Senhor dos Passos, e as mulheres acompanham a imagem de Nossa Senhora das Dores, até um local determinado onde se encontram.

Estes três primeiros dias feriais da Semana Santa são marcados pela preparação mais imediata da Páscoa. A liturgia usa o método vivo e envolvente da quase reconstituição dos acontecimentos que o Senhor viveu nesses dias últimos de sua vida terrena. A cor litúrgica para estes dias é a roxa, lembrando que ainda é tempo de preparação para a celebração da Páscoa.

3. TRÍDUO PASCAL

A Festa da Páscoa é o centro da nossa fé e, por conseguinte, é o centro do Ano Litúrgico. A origem da liturgia pascal é muito remota. Para alguns a própria narração do Evangelista João da paixão, morte e ressurreição de Jesus seria um eco da celebração pascal das igrejas da Ásia Menor. Para outros as narrativas dos três evangelistas sinóticos (Mateus, Marcos e Lucas) seriam também tiradas de celebrações litúrgicas ainda na Idade Apostólica da Igreja.

Há alguns estudiosos da Bíblia que consideram a Primeira carta de Pedro uma homilia pascal e batismal. Portanto, desde a aurora da Igreja nós podemos encontrar elementos que nos indicam que os cristãos desde logo começaram celebrando a Páscoa. Entretanto, somente no século II é que podemos encontrar documentação da celebração anual da Páscoa.

No início, algumas igrejas terminavam o jejum da Quaresma e celebravam a Páscoa precisamente no dia 14 de Nisan (abril), conforme o antigo calendário judaico, dia em que se deu a morte de Cristo.

A celebração mais antiga é a da Vigília Pascal. Já em Tertuliano e Hipólito de Roma, encontramos documentação de sua celebração. Naquela noite se faziam as leituras, se batizavam os catecúmenos e se celebrava na aurora a Eucaristia de Páscoa.

Santo Ambrósio falava do *triduum sacrum* em que Cristo "padeceu, descansou e ressuscitou"; pouco depois, Santo Agostinho fala de um tríduo de Páscoa que foi se criando a partir da celebração da Páscoa dominical. Somente depois do século IV, com a historização dos evangelhos e de suas narrativas, é que entrou a Quinta-feira Santa com a instituição da Eucaristia.

O Tríduo inicial era portanto: Sexta-feira Santa, Sábado Santo e Domingo de Páscoa. A entrada da Quinta-feira Santa rompeu a unidade inicial. Durante a Idade Média foi crescendo sempre mais a Sexta-feira Santa, e extrapolou seu lugar dentro do tríduo. À medida que a sexta-feira cresceu exageradamente de importância, foi desaparecendo a Vigília Pascal, chegando-se até ao absurdo de seus ritos serem celebrados ao sábado de manhã, quase sempre sem a presença de muita gente.

Foi o Papa Pio XII, em 1951, quem restaurou experimentalmente a celebração da Vigília Pascal, e depois, em 1955, recuperou definitivamente a unidade do tríduo pascal. O Concílio Vaticano II (1962-1965) deu unidade, simplicidade e riqueza de conteúdos à Celebração do Tríduo Pascal. Para o Concílio a Quinta-feira Santa representa a dimensão ritual do mistério de nossa salvação expresso no Tríduo, e a Sexta, Sábado e Domingo representam a sua dimensão histórica.

3.1 O significado do Tríduo Pascal

Seu significado é fundado sobre a unidade do Mistério Pascal de Jesus Cristo. O mistério é composto da morte e ressurreição de Jesus. Cada um dos dias se abre ao outro, cada um dos dias remete ao outro, e não tem sentido ser celebrado ou vivido sem o outro, assim como a morte e a ressurreição de Jesus estão inscindivelmente unidas. Não há ressurreição sem a morte e o sofrimento, não há sentido para a morte e o sofrimento sem que haja um futuro de ressurreição.

Assim em poucas palavras, o Tríduo Pascal é a Páscoa celebrada em três dias.

Dentro do Ano Litúrgico estes três dias ocupam posição de destaque. Eles são o vértice do Ano Litúrgico, eles são o centro da liturgia da Igreja. Assim como o domingo é o dia mais importante da semana, porque é o dia em que se celebra solenemente ao longo do ano a Ressurreição do Senhor, assim, também o tríduo é o tempo mais importante do Ano Litúrgico.

É esse mistério que ilumina toda a liturgia, toda a ação da Igreja vive do mistério destes dias, e só possui sentido enquanto inserida neste mistério. As nossas orações, a celebração dos sacramentos, a caridade praticada, a justiça realizada, a verdade proclamada, o Evangelho anunciado, o amor testemunhado, tudo isso deve se nutrir do mistério da morte e ressurreição de Jesus e deve para este mistério convergir.

A Igreja nasce deste mistério, ela parte sempre dele para sua missão, e ela deve sempre a ele retornar se quiser ser a Igreja de Cristo.

3.2 Quinta-feira Santa: a Ceia do Senhor

Até o século IV não há esta missa. Na Semana Santa era celebrada uma única missa, que era aquela do sábado de madrugada. A quinta-feira era o último dia da Quaresma, portanto ainda se guardava o jejum quaresmal.

Já no século VII, encontramos três missas celebradas neste dia: de manhã uma missa para a reconciliação dos penitentes, ao meio-dia a missa da crisma, onde se benziam os óleos para os sacramentos, e à noite se celebrava a comemoração da Ceia do Senhor. Esta missa que comemora a instituição da Ceia do Senhor é celebrada em tom de festa. Cristo nos deu a sua Páscoa na noite da ceia. Por isso a cor litúrgica é a branca, lembrando a festa, a feliz Ceia.

A vida da Igreja se converge para o cenáculo. Os discípulos de Cristo se reúnem em torno do mestre para receber o dom de sua Páscoa. Unidos a Ele aprendem que páscoa é vida, é caridade, é serviço. Partilham o pão e deverão partilhar a Paixão do Senhor.

Desde Santo Agostinho encontramos nesta missa o Rito do lava-pés. Antigamente, esse rito era reservado somente ao bispo na sua igreja catedral. Depois, Pio XII permitiu que esse rito tão significativo fosse repetido em todas as igrejas. Esse rito já era celebrado em Jerusalém nos meados do século V e de lá se estendeu para o Ocidente e Oriente.

O Evangelho de João, embora seja reconhecidamente eucarístico, não nos narra a instituição da Eucaristia como fazem Paulo, Mateus, Lucas e Marcos. João narra que Jesus, mestre e Senhor, se inclina sobre seus servos para servi-los. É uma forma de explicar a Eucaristia, é uma forma de mostrar o significado daquilo que Ele está doando à humanidade. É uma forma de antecipar profeticamente aquilo que Ele realizará na cruz. De fato, não há nenhum momento onde Deus se inclina mais sobre nós para servi-nos do que na hora da cruz.

O altar desnudado recorda Jesus que se despoja e é despojado de suas vestes na cruz.

Um outro elemento desta noite é a retirada do Santíssimo Sacramento e sua transferência para outro local para ser adorado. Não se trata de preparar um sepulcro para Jesus. Mas sim de uma solene contemplação amorosa do mistério do amor de Deus, que na Sexta-feira Santa, dia de jejum do povo de Deus, alimentará a fome dos filhos. O texto de Mt 26,37-41, como sugere José Bortolini, nos ajuda a encontrar o significado deste momento em que Jesus pede aos discípulos para vigiar com Ele na oração.

A cor litúrgica é o branco, e neste dia canta-se o hino de louvor silenciado durante a Quaresma.

3.3 A Sexta-feira Santa

É o primeiro dia do Tríduo Pascal propriamente. Celebramos o mistério da morte. Dia de jejum. Nunca houve missa neste dia. A liturgia desde o início (desde Justino) foi sempre composta das leituras da Palavra de Deus e da oração universal. A Sexta-feira Santa, como é o início do tríduo, era o dia de jejum infrapascal, na espera imediata da ressurreição.

A adoração da cruz é um gesto que teve origem na Igreja de Jerusalém. No século IV encontramos em São Cirilo de Jerusalém, bispo da cidade, o testemunho sobre este gesto de abraçar o lenho do qual pendeu a salvação do mundo, que depois se estendeu a toda a Igreja.

No início todos comungavam da Comunhão reservada da noite precedente; com o Papa Inocêncio III a Comunhão foi somente reservada ao padre, e foi somente o Papa Pio XII quem devolveu ao povo a possibilidade de comungar neste dia.

O espírito que se celebra neste dia não é de luto, mas sim de contemplação do mistério do amor de Deus. Não se trata de chorar a morte de Cristo, mas de interiorizar o grande mistério de amor de Deus que nos redimiu e abriu para nós o caminho de retorno à casa paterna, dando-nos exatamente o exemplo e trilhando por primeiro o caminho, sendo fiel e confiando totalmente em seu amor.

O espírito da liturgia é aquele de "Bendita paixão": sofrimento e humilhação, alegria e glória estão inscindivelmente interligados.

As leituras bíblicas: Is 52 fala do servo do Senhor; Hb 4 exatamente o texto sacerdotal, e finalmente a narração da Paixão segundo São João. Todas as leituras falam da cruz salvífica do Senhor Jesus. Trata-se de uma morte salvífica, livremente assumida por amor.

A oração universal é testemunho da liturgia romana primitiva, e é o modelo de uma Igreja verdadeiramente católica, aberta à universalidade das necessidades dos homens.

Terminada a oração universal segue a adoração da cruz. "A palavra adoração é um tanto imprópria, pois a adoração é dirigida a Jesus. Honramos sua cruz, pois foi nela que Ele nos salvou"[32].

A última parte da celebração da Sexta-feira Santa é a Comunhão. Depois de rezar a oração depois da Comunhão é invocada a bênção de Deus sobre a assembleia, que se retira em silêncio.

Um elemento importante deste dia, que não deve ser menosprezado, é o jejum. Ele é sinal sacramental da nossa participação da Paixão de Jesus. Sobretudo hoje, num tempo em que os homens colocam como absoluto a realização de suas próprias vontades, é muito importante conferir ao jejum e à privação da Sexta-feira Santa seu verdadeiro lugar, como solidariedade e participação na dor de Cristo e do mundo.

À noite muitas comunidades celebram a procissão do Senhor Morto ou a Via-sacra.

A cor litúrgica desta celebração é a vermelha que, como no Domingo da Paixão, nos recorda a entrega de Cristo, amor e sacrifício, a Paixão do Senhor.

---

[32] BORTOLINI, José. *Quaresma, Páscoa e Pentecostes*. São Paulo: Paulus. 2008, p. 26.

3.4 Sábado Santo

Nas comunidades antigas prolongava-se o jejum da sexta-feira e o silêncio. Nunca houve missa neste dia, sempre foi dia em que a Igreja evitava até mesmo as reuniões, para renunciar à alegria de se encontrar com os irmãos. É um dia de expectativa e esperança, onde se contempla o mistério da descida do Senhor à mansão dos mortos.

Tudo deve tender à esperança da Ressurreição, tudo deve convergir para a noite da Páscoa que deverá se abrir com a Vigília Pascal e terminar com a Eucaristia de Páscoa celebrada ao alvorecer de domingo. Hoje, entende-se como um dia de silêncio, meditação e oração.

3.5 Vigília Pascal

O domingo é precedido por uma vigília que comemora já nas últimas horas da noite de sábado. Vigiar é esperar. Vigiar é já começar a viver a alegria daquilo que está por vir. Santo Agostinho chama esta Vigília da Páscoa como a mãe de todas as demais vigílias da Igreja, e sua liturgia como a mãe de todas as celebrações litúrgicas da Igreja.

Através de um documento sírio do século III, a *Didascália dos apóstolos*, temos pela primeira vez os detalhes dessa celebração:

> "Na sexta-feira e no sábado jejuareis completamente e nada tomareis. Reuni-vos, não durmais, velai a noite toda em orações, súplicas, leitura dos profetas, do evangelho e dos salmos [...] Até as três horas da madrugada seguinte ao sábado. Então deixareis de jejuar [...] Oferecei vossos dons e depois comei, estai alegres, felizes e contentes, pois ressuscitou o Messias, penhor de vossa ressurreição. Será para vós uma lei eterna até o fim do mundo[33]".

No início havia a vigília e a missa. Já no século II encontramos nesta celebração o batizado dos catecúmenos que participavam depois, pela primeira vez, da Eucaristia. Após longa preparação os novos cristãos eram introduzidos no seio da comunidade cristã nesta noite gloriosa. Com o passar dos séculos a liturgia romana desta noite foi sendo enriquecida com novos elementos que não pertenciam originalmente a ela, como por exemplo: o rito da luz, do fogo e do círio que abrem a vigília na nossa estrutura atual da celebração.

Com o rito da luz e do fogo novo, o povo em procissão acompanha a coluna luminosa (de fogo e luz), como fez o povo de Israel no deserto em busca da terra prometida.

Depois do precônio pascal, que deve ser cantado ou proclamado com profunda alegria, inicia-se a Liturgia da Palavra, que passa, através de nove leituras, as grandes maravilhas do amor de Deus pelos homens, que todas tendem e são iluminadas pela Ressurreição do Senhor Jesus. Na passagem do Antigo para o Novo Testamento canta-se o *Glória*, que por excelência é um canto pascal.

Após a homilia inicia-se a liturgia batismal, que de preferência deveria incluir um batizado solene. Canta-se a ladainha, realiza-se a renovação das promessas batismais (renovamos na noite solene nossos compromissos batismais, nossa aliança com o Senhor), realiza-se o batizado e em seguida a aspersão de toda a assembleia.

Finalmente chega-se à liturgia eucarística, celebrada nas primeiras horas do Domingo de Páscoa.

---

[33] ARGÁRATE, Pablo. *A Igreja celebra Jesus Cristo*. São Paulo: Paulinas, 1997, p. 151.

Não se tratam de partes diferentes e independentes. Trata-se de uma única celebração cuja unidade corresponde ao Mistério Pascal de Cristo. O Mistério Pascal de Jesus vem proclamado na Palavra de Deus e vem realizado na celebração dos sacramentos: Batismo e Eucaristia.

O espírito da liturgia é aquele da noite que foi vencida pelo dia, passagem das trevas à luz. Mais do que qualquer conceito, os símbolos comunicam muito mais os conteúdos da celebração.

A cor litúrgica é a branca, simbolizando a festa, a glória, a alegria nesta noite, a "solenidade mãe de todas as solenidades".

3.6 O Domingo de Páscoa e o Tempo da Páscoa

Desde o início a Igreja considerou este dia como o oitavo dia da criação. Ele abre os cinquenta dias do tempo pascal, que serão encerrados com a Festa de Pentecostes, quando celebramos a efusão do Espírito Santo sobre a Igreja, por causa disso os Padres da Igreja chamavam este tempo de "Beata Pentecostes".

O clima é de alegria e festa. Alguns propõem não rezar-se de joelhos, pois tudo é Festa.

Nestes cinquenta dias se incluem a oitava da Páscoa que é como se fosse um prolongamento do Domingo de Páscoa e que tem um sentido especial como tempo de mistagogia, recordando as aparições do Ressuscitado e a iniciação cristã; e entre eles estão a Festa da ascensão de Jesus ao céu e a festa da descida do Espírito Santo que encerra o tempo pascal.

Durante todo o Tempo da Páscoa a cor litúrgica é o branco.

Dentro do Tempo da Páscoa, entre a Ascensão e Pentecostes, celebra-se a semana de oração pela unidade dos cristãos.

A solenidade de Pentecostes encerra o tempo pascal, sendo o quinquagésimo dia depois da Páscoa. É a solenidade da vinda do Espírito Santo. A cor litúrgica é a vermelha, símbolo do amor e que está também associado ao fogo. Esta festa tem sua raiz na festa judaica. Era uma festa agrícola, festa da colheita. Depois foi associada aos cinquenta dias depois da Páscoa judaica, quando Deus entregou no Monte Sinai as tábuas da Lei a Moisés. E os Atos dos Apóstolos fazem coincidir com a vinda do Espírito Santo. Poderíamos dizer que é a festa do impulso missionário.

Referências bibliográficas:
ARGÁRATE, Pablo. *A Igreja celebra Jesus Cristo*. São Paulo: Paulinas, 1997.
BERGAMINI, Augusto. *Cristo, festa da Igreja*: o Ano Litúrgico. São Paulo: Paulinas, 1994.
BORTOLINI, José. *Quaresma, Páscoa e Pentecostes*. São Paulo: Paulus, 2008.
CORDEIRO, João de Leão (trad. e org.). *Antologia litúrgica*: textos do primeiro milénio. Fátima: Gráfica de Coimbra, Ltda. 2003 (Secretariado Nacional de Liturgia).
MARTÍN, Julián López. *A liturgia da Igreja*. São Paulo: Paulinas, 2006 (Coleção liturgia fundamental).
OLIVEIRA, Antônio Carlos et al. *Vivendo a Semana Santa*: o Mistério Pascal celebrado no Brasil. Aparecida: Santuário, 1996.
SEMANA SANTA: anos A, B, C. 2. ed. São Paulo: Paulinas, 1989.

Pe. Antônio Élcio de Souza (Pe. Pitico)
SOUZA, A.E. Tempo da Quaresma e da Páscoa. In: *Cadernos de Liturgia da Arquidiocese de Ribeirão Preto*. Ano I – Número 04 – Novembro/2008.

Anexo 1.6

Tempo Comum

No início da era cristã não havia o que hoje chamamos de Ano Litúrgico organizado como o conhecemos. Havia apenas a celebração do Mistério de Cristo no Domingo, Dia do Senhor. O Ano Litúrgico começou a ser organizado posteriormente, como já vimos em outros artigos deste.

O TC (Tempo Comum), também chamado de *tempus per annum* ou tempo ordinário[34] é constituído por 33 ou 34 semanas, sendo cinco a nove a partir da segunda-feira que segue ao domingo após o dia 6 de janeiro, e o restante a partir da segunda-feira depois do Domingo de Pentecostes, quando termina o tempo pascal.

O TC é chamado desta ou daquelas formas porque não é constituído por um determinado e específico elemento do mistério de Cristo, mas de sua totalidade a cada domingo. Aliás, o domingo é o dia por excelência durante este tempo. Nele os temas de cada domingo são independentes, apesar de seguir uma determinada leitura da Sagrada Escritura: contínua ou semicontínua, mas nada que obrigue esta estrutura, pois o que se quer é manifestar o mistério de Cristo durante sua caminhada e suas obras na terra, seu dia a dia, seus ensinamentos nas mais diversas realidades e culturas das pessoas, os sinais que demonstravam a presença do Reino no mundo. Isso tudo também presente na vida da Igreja pelo anúncio do Evangelho.

A estrutura do TC é muito simples e divide-se basicamente em três partes, a saber: nos domingos os anos A, B e C; nos dias de semana, também chamados de dias feriais, em anos pares e ímpares; e, por fim; as solenidades, festas e comemorações com seu diferencial e suas especificações.

Os domingos do Ano A, B e C – são assim denominados por seguirem um ritmo de celebrações que perpassam conteúdos do mistério de Cristo importantes no decorrer do *Lecionário* (livro litúrgico em que se faz as leituras bíblicas das celebrações litúrgicas).

No Ano A se faz a leitura do Evangelho de Mateus, no Ano B o de Marcos, que depois do 16º domingo comum se faz cinco leituras do capítulo 6 do Evangelho de João (o "discurso sobre o pão da vida") que coincide com a narração da multiplicação dos pães de Marcos e, por fim, o Ano C, o de Lucas.

O ritmo que determina sua ordem é a natural do nosso alfabeto, retornando ao ciclo A depois do ciclo C. As outras leituras são feitas de acordo com o Evangelho, que é o centro determinador da escala das leituras nas celebrações litúrgicas.

As leituras do Antigo Testamento devem se harmonizar perfeitamente com o Evangelho para evidenciar a unidade entre os dois testamentos. Os textos são distribuídos sem uma ordem lógica, mas sempre salvaguardando sua relação com o Evangelho; *todavia, o tesouro da Palavra de Deus ficará de tal forma aberto que todos os que participam da missa dominical conhecerão quase todas as passagens mais importantes do Antigo Testamento*[35].

As leituras do Novo Testamento, nas missas, são semicontínuas, retiradas das cartas de São Paulo e de São Tiago (as outras são lidas em outros tempos litúrgicos). Os conteúdos destas leituras são relacionados ao Evangelho, mas com um "tom" de aplicabilidade da mesma na vida da comunidade do apóstolo, ou seja, o que resultou da vivência da Palavra na vida das pessoas da comunidade. Por

---

[34] AUGÈ, Matias. *O Ano Litúrgico*: história e celebração. São Paulo: 1991 (anamnesis), p. 217.

[35] Introdução ao Lecionário da Missa, n. 106.

este motivo se torna um importante subsídio para a meditação da Palavra e, principalmente, para a elaboração da homilia e outras atividades da celebração, como: escolha do prefácio, dos cantos, na montagem da motivação inicial e das mensagens gerais e outros.

O ciclo semanal – também chamado de ferial, por abranger os dias de semana (segunda-feira; terça-feira etc.). Este segue outra estrutura de distribuição das leituras da missa em anos pares e ímpares, facilmente percebidos pelo último número do ano corrente, por exemplo: 2008 é ano par.

Os evangelhos são distribuídos durante um ciclo inteiro de forma que da 1ª a 9ª semana se lê o Evangelho de São Marcos, da 10ª a 21ª semana o de São Mateus, e da 22ª a 34ª semana o de São Lucas. O Evangelho de São João fica limitado a algumas festas ou necessidades do decorrer do ano. Os evangelhos não mudam entre os anos pares e ímpares como as Primeiras Leituras (Leitura e Salmo), mas se repetem igualmente todos os anos.

As outras leituras são distribuídas alternadamente entre o primeiro e o segundo testamentos, de forma que nos dias feriais próprios do Tempo Comum entram quase todos os livros do Primeiro Testamento, exceto os livros muito breves como Abdias e Sofonias; um livro poético: o Cântico dos Cânticos; e dois narrativos: Ester e Judite. As celebrações eucarísticas nos dias feriais comportam apenas três leituras (1ª leitura, Salmo e Evangelho), por serem mais simples e não solenes e também por manifestarem a continuidade do tema visto no domingo anterior, como se fosse um grande Dia do Senhor, um prolongamento do Dia Escatológico, até que chegue o domingo seguinte.

As orações do dia, sobre as oferendas e após a Comunhão, são as mesmas do domingo anterior, exceto no Tempo do Advento, nas memórias, festas, solenidades, Quarta-feira de Cinzas e em alguns outros dias como a Semana Santa.

As solenidades, festas, memórias e comemorações – é bom saber o que significa cada uma delas separadamente.

As "Solenidades" é o grau mais alto de festa litúrgica, se antecipa ao dia anterior com a I Véspera ou com a preparação através de uma vigília, como por exemplo: o Tríduo Pascal, o Natal do Senhor, a Epifania, a Ascensão, o Pentecostes e outras.

As "Festas" são importantes e obrigatórias na Igreja, mas em um grau menor que a solenidade, não tem preparação através da vigília, portanto, é celebrada somente no dia próprio.

As "Memórias" indicam a celebração comemorativa (obrigatória ou facultativa) de um santo, e é celebrada somente no dia próprio, sem vigília e solenidade.

As "Comemorações" são motivações comemorativas ou rogativas que não estão relacionadas diretamente ao Cristo (mas pedidos feitos para o Cristo) nem aos santos, mas são rogações da Igreja por necessidades ou comemorações humanas, como a comemoração dos fiéis defuntos (finados), missa de bênção dos agricultores ou da plantação etc.

As "Solenidades" quando caem no domingo são substitutas do mesmo, e quando é grande sua importância ou relevância ela chega a ser transferida para o domingo, como a solenidade da Epifania do dia 6 de janeiro para o domingo seguinte. Têm leituras bíblicas próprias e insubstituíveis que não seguem o ritmo do ciclo do Ano Litúrgico, com exceção das solenidades que integram o ciclo.

As "Festas" quando caem no domingo são celebradas em sua totalidade, mas não podem ser transferidas do dia ferial para o domingo, com algumas exceções, por motivos pastorais e de relevância teológica definidos pela Conferência Episcopal Territorial (Nacional) ou pelo Ordinário local (o bispo em seu território diocesano).

As "Memórias" trazem sempre a informação se são obrigatórias ou facultativas; se são obrigatórias seguem a mesma orientação para as festas, mas se são facultativas devem ficar a critério do Ordinário local (seja o bispo ou o sacerdote) celebrar ou não a mesma.

As "Comemorações" seguem basicamente a mesma orientação que as "Memórias", mas deve ser observado o calendário civil, cultural e pastoral da nação, Estado, cidade ou comunidade em que se vive. Um exemplo é o caso da comemoração de finados, que se sobrepõe, inclusive, ao domingo quando nele cai, mas quando cair em dia ferial não pode ser transferido para o domingo.

O TC termina com o 34º Domingo Comum onde o mesmo dá lugar à Solenidade de Cristo Rei do Universo, exatamente cinco domingos antes do dia 24 de dezembro, pois às vésperas do sábado seguinte já tem início o novo Ano Litúrgico, com as Vésperas do Primeiro Domingo do Advento.

Pe. José Humberto Motta (Pe. Beto)

MOTTA, J.H. Tempo Comum. In: *Cadernos de Liturgia da Arquidiocese de Ribeirão Preto*. Ano I – Número 04 – Novembro/2008.

Conecte-se conosco:

 facebook.com/editoravozes

 @editoravozes

 @editora_vozes

 youtube.com/editoravozes

 +55 24 2233-9033

www.vozes.com.br

Conheça nossas lojas:
www.livrariavozes.com.br

Belo Horizonte – Brasília – Campinas – Cuiabá – Curitiba
Fortaleza – Juiz de Fora – Petrópolis – Recife – São Paulo

EDITORA VOZES LTDA.
Rua Frei Luís, 100 – Centro – Cep 25689-900 – Petrópolis, RJ
Tel.: (24) 2233-9000 – E-mail: vendas@vozes.com.br